Über den Autor

Dr. rer. physiol. Süleyman Tilmann Böhringer ist promovierter Humanbiologe und Heilpraktiker. 1981, im Alter von 21 Jahren, nahm er den Islam an. Er lebt mit seiner Familie in Laichingen auf der Schwäbischen Alb.

Zu diesem Buch

Als Sohn eines evangelischen Pfarrers ist der Autor mit der historisch-kritischen Bibelforschung vertraut. Die Frage nach dem historischen Jesus ist sein Zugang zum Koran und führte ihn zum Islam. Jesus ist der Messias und ein Prophet in der Reihe der alttestamentlichen Gesandten, die den letzten Propheten Muhammad ankündigen. Der Islam ist eine Erfüllung alt- und neutestamentlicher Prophezeiungen.

Im Anhang wird das Feindbild eines gewaltbereiten Islam thematisiert und mit Beispielen aus der christlichen Geschichte verglichen.

Und (wisse, daß) Gott (den Menschen) einlädt zur Bleibe des Friedens und den, der (rechtgeleitet werden) will, rechtleitet zu einem geraden Weg.

Sure 10, 25 [1]

---

[1] Muhammad Asad weist in seinem Korankommentar darauf hin, „daß der Begriff **dar as-salam** (»Bleibe des Friedens«) nicht nur den Zustand der letzten Glückseligkeit im Jenseits – auf den im Gleichnis des Paradieses angespielt wird – bezeichnet, sondern auch den spirituellen Zustand eines wahren Gläubigen in dieser Welt: nämlich einen Zustand innerer Sicherheit, des Friedens mit Gott, mit der natürlichen Umwelt und in sich selbst." Muhammad Asad: Die Botschaft des Koran. Übersetzung und Kommentar. Düsseldorf 2009, S. 381.

Süleyman T. Böhringer

Friedensreich

Die historisch-kritische Bibelforschung führt zum Islam

www.tredition.de

© 2014 Dr. Süleyman Tilmann Böhringer

Verlag: tredition GmbH, Hamburg

ISBN
Paperback   978-3-7323-0029-7
Hardcover   978-3-7323-0030-3
e-Book   978-3-7323-0031-0

Printed in Germany

Inhalt

Einführung

Vor über 30 Jahren wurde mir die Tür zum Islam geöffnet. Ganz kurz könnte man meinen Weg so beschreiben: ich habe eine deutsche Übersetzung des Korans gekauft und gelesen, dieser hat mich überzeugt, und ich bin Muslim geworden. In Anbetracht der unzähligen Vorurteile, die in der deutschen Gesellschaft bestehen, bedarf dieser Schritt einer Erklärung. Die Punkte, die mich überzeugt haben, möchte ich in dieser kleinen Schrift offenlegen.

Die Wurzeln meines Übertritts zum Islam liegen im christlichen Glauben. Die Grundlage für meine Entscheidung bilden die Ergebnisse der historisch-kritischen Bibelforschung. Theologen untersuchen besonders seit dem 19. Jahrhundert die Bibel wissenschaftlich und fragen nach den Wurzeln ihrer Religion. Gefragt wird z.B. nach der Botschaft Jesu und nach dessen Selbstverständnis unabhängig von den Dogmen der Kirchen. Ich musste feststellen, dass wesentliche Glaubensvorstellungen der Kirche nicht auf Jesus (a.s.)[2] und das Urchristentum zurückgehen. Die Ergebnisse ganzer Forschergenerationen zeigen Jesus z.B. als jüdischen Rabbi, und in Abgrenzung zum Judentum als Messias. Mich haben diese Erkenntnisse zum Islam geführt. Für mich war der Übertritt zum Islam kein Bruch mit meiner christlichen Vergangenheit, sondern eine tiefe Bestätigung. Der Islam ist von seinem Glaubensverständnis her die Weiterführung von Judentum und Christentum: Muhammad (a.s.) ist als letzter in der Reihe der Propheten zur gesamten Menschheit gesandt worden.

[2] **A.s.** steht als Abkürzung für arabisch ‚alaihi-s-salam‘, übersetzt ‚Friede sei mit ihm‘; das von Muslimen bei der Nennung von Propheten ehrend hinzugefügt wird.

Den Leser möchte ich bitten, unvoreingenommen meinen Ausführungen zu folgen. Fast revolutionär zu nennende Beiträge von Theologen, die ich zitiere, untermauern meine Ansicht. Nachhaltig werden kirchliche Dogmen erschüttert. Diese Schrift ist ausdrücklich nicht gegen Christen gerichtet, ehrlichen Glauben achte und schätze ich.

Glaubensentwicklung

In Erzingen, einem Dorf am Rande der Schwäbischen Alb das heute zu Balingen gehört, bin ich geboren und aufgewachsen. Mein Vater, ein evangelischer Pfarrer, war ein toleranter Christ, der für Frieden und Gerechtigkeit eintrat. Ich bin zur Selbständigkeit erzogen worden, besonders auch in Bezug auf den Glauben. Der Kirchenbesuch am Sonntag war z.B. für mich und meine Geschwister freiwillig. Tischgebete oder auch ein Gute-Nacht-Gebet gehörten zum Alltag. Die christlichen Feste wurden traditionell gefeiert: an den Adventssonntagen wurde eine Kerze angezündet, am Heiligabend gingen wir in die Kirche und erwarteten danach gespannt die Bescherung unterm Weihnachtsbaum. An Ostern wurden Ostereier gefärbt und gesucht.

Erst im Alter von 12 Jahren wurde ich zusammen mit meinen damals drei Schwestern getauft, also kurz vor der Konfirmation. Üblicherweise werden Kinder in der evangelischen Kirche in Deutschland im Säuglingsalter getauft. Unsere Eltern wollten, dass wir uns bewusst für den Glauben entscheiden.

Im Konfirmationsunterricht lernte ich das Glaubensbekenntnis auswendig, ohne dieses zu jener Zeit näher zu hinterfragen.

Das apostolische Glaubensbekenntnis

Ich glaube an Gott, den Vater, den Allmächtigen, den Schöpfer des Himmels und der Erde.

Und an Jesus Christus, seinen eingeborenen Sohn, unsern Herrn, empfangen durch den Heiligen Geist, geboren von der Jungfrau Maria, gelitten unter Pontius Pilatus, gekreuzigt, gestorben und begraben, hinabgestiegen in das Reich des Todes, am dritten Tage auferstanden von den Toten, aufgefahren in den Himmel; er sitzt zur Rechten Gottes, des allmächtigen Vaters; von dort wird er kommen, zu richten die Lebenden und die Toten.

Ich glaube an den Heiligen Geist, die heilige christliche Kirche, Gemeinschaft der Heiligen, Vergebung der Sünden, Auferstehung der Toten und das ewige Leben.

Amen.

Über christliche Dogmen[3] wie Trinität oder Christologie machte ich mir wenig Gedanken, ahnte auch nicht, welche theologischen Konstrukte sich dahinter verbargen (siehe Seite 38-39 Fußnote 51).

Mein Konfirmationsspruch, den mir mein Vater ausgesucht hatte, lautet: *,Will mir jemand nachfolgen, der verleugne sich selbst, und nehme sein Kreuz auf sich, und folge mir.'* Mt 16, 24

Geprägt hat mich sicherlich auch das Singen religiöser Lieder zu Hause und während meiner Gymnasialzeit in der Christophorus-Kantorei in Altensteig. Gewaltige Werke wie das Weihnachtsoratorium oder auch einfache Texte haben sich mir tief eingeprägt und ich kann sie heute noch zum Teil auswendig, z.B.: *Es war aber ein Mensch unter den Pharisäern, mit Namen Nikodemus [...]* Joh.3,1-8

---

[3] Den Begriff Dogma verwende ich im Sinne der orthodoxen Theologie: eine von der Kirche auf Konzilien beschlossene verbindliche Entscheidung in Glaubensfragen.

Beim wiederholten Singen machte ich mir Gedanken über die Texte. Noch heute frage ich mich, was folgende Stelle bedeutet: *Es sei denn daß jemand geboren werde aus Wasser und Geist, so kann er nicht in das Reich Gottes kommen.* Joh 3, 5.

Erst im jungen Erwachsenenalter begann ich Fragen zu stellen, zu prüfen und zu vergleichen. Ich interessierte mich auch für fernöstliche Religionen, z.B. den Zen-Buddhismus, las TaoTeKing und indische Weisheiten und begann Hatha-Yoga zu üben. Psychologie begeisterte mich von Kindheit an, ich las viele der Werke von Sigmund Freud und C.G. Jung, die in der Bibliothek meines Vaters standen. Der Glaube an Gott (t)[4] stand für mich allerdings nie zur Diskussion, entsprechenden philosophischen Erörterungen schenkte und schenke ich wenig Interesse und Aufmerksamkeit.

Auch der Bibel widmete ich mich intensiv und las das Alte wie das Neue Testament von Anfang bis Ende durch.[5] Die Sprüche Salomos (Buch der Weisheit) lernte ich sogar auswendig. Die sogenannte Heilige Schrift nahm ich sehr ernst. Ich erinnere mich an einen Tag, an dem ich von Abraham und seinem Bund las (Genesis 17), dessen Zeichen die Beschneidung ist, und mir zutiefst wünschte, dazu zugehören. [6]

---

[4] T steht für arabisch ‚ta-ala', übersetzt ‚Erhaben ist Er', dies wird von Muslimen bei der Nennung Gottes ehrfürchtig hinzugefügt.

[5] Bei meinen Bibelzitaten greife ich falls nicht anders erwähnt auf die ‚Neue Jerusalemer Bibel' zurück (Einheitsübersetzung mit Kommentar der Jerusalemer Bibel. Freiburg 1985).

[6] Das damals undenkbare trat im Alter von 21 Jahren ein, nach meinem Übertritt zum Islam ließ ich mich beschneiden.

Als nun Abram neunundneunzig Jahre alt war, erschien ihm der Herr und sprach zu ihm: Ich bin der allmächtige Gott; wandle vor mir und sei fromm. Und ich will meinen Bund zwischen mir und dir machen und will dich gar sehr mehren. Da fiel Abram auf sein Angesicht. Und Gott redete weiter und sprach: Siehe, ich bin's und habe meinen Bund mit dir, und du sollst ein Vater vieler Völker werden. Darum sollst du nicht mehr Abram heißen, sondern Abraham soll dein Name sein; denn ich habe dich gemacht zum Vater vieler Völker Und will dich gar sehr fruchtbar machen und will von dir Völker machen, und sollen auch Könige von dir kommen. Und ich will aufrichten meinen Bund zwischen mir und dir und deinem Samen nach dir, bei ihren Nachkommen, daß es ein ewiger Bund sei, also daß ich dein Gott sei und deines Samens nach dir, Und will dir und deinem Samen nach dir geben das Land, darin du ein Fremdling bist, das ganze Land Kanaan, zu ewiger Besitzung, und will ihr Gott sein. Und Gott sprach zu Abraham: So halte nun meinen Bund, du und dein Same nach dir, bei ihren Nachkommen. Das ist aber mein Bund, den ihr halten sollt zwischen mir und euch und deinem Samen nach dir: Alles, was männlich ist unter euch, soll beschnitten werden. Ihr sollt aber die Vorhaut an eurem Fleisch beschneiden. Das soll ein Zeichen sein des Bundes zwischen mir und euch. Ein jegliches Knäblein, wenn's acht Tage alt ist, sollt ihr beschneiden bei euren Nachkommen. Desgleichen auch alles Gesinde, das daheim geboren oder erkauft ist von allerlei Fremden, die nicht eures Samens sind. Beschnitten soll werden alles Gesinde, das dir daheim geboren oder erkauft ist. Und also soll mein Bund an eurem Fleisch sein zum ewigen Bund. Und wo ein Mannsbild nicht wird beschnitten an der Vorhaut seines Fleisches, des Seele soll ausgerottet werden aus seinem Volk, darum daß es meinen Bund unterlassen hat.

1.Mose 17, 1-14

Die Bibel oder die ganze Heilige Schrift des Alten und Neuen Testaments nach der deutschen Übersetzung D. Martin Luthers, neu durchgesehen nach dem vom Deutschen Evangelischen Kirchenausschuss genehmigten Text, Stuttgart 1954.

Die Bergpredigt schätzte ich mit ihren hohen Idealen.

> *Selig sind, die da geistlich arm sind; denn das Himmelreich ist ihr.*
>
> *Selig sind, die da Leid tragen; denn sie sollen getröstet werden.*
>
> *Selig sind die Sanftmütigen; denn sie werden das Erdreich besitzen.*
>
> *Selig sind, die da hungert und dürstet nach der Gerechtigkeit; denn sie sollen satt werden.*
>
> *Selig sind die Barmherzigen; denn sie werden Barmherzigkeit erlangen.*
>
> *Selig sind, die reines Herzens sind; denn sie werden Gott schauen.*
>
> *Selig sind die Friedfertigen; denn sie werden Gottes Kinder heißen.*
>
> *Selig sind, die um Gerechtigkeit willen verfolgt werden: denn das Himmelreich ist ihr.*
>
> Matthäus 5, 3-10

Offensichtliche Widersprüche in der Bibel irritierten mich allerdings, es gab unzählige unklare, schwerverständliche Stellen oder verschiedene Versionen von ein und derselben Geschichte, z.B. der Schöpfungsgeschichte oder der Gleichnisse Jesu, von den Prophetenbüchern ganz zu schweigen. Auch die Jungfrauengeburt und der Stammbaum Jesu, der von Josef ausging, passten offensichtlich nicht zusammen.[7] Mein Verstand konnte solche logischen Fehler nicht akzeptieren.

Ich stöberte in der Bibliothek meines Vaters mit seinen vielfältigen theologischen Werken und stieß auf Bücher über Jesus z.B. von Bultmann[8] und Jeremias[9].

In diesen Büchern wird nach dem historischen Jesus gefragt und nach seiner Botschaft. Klar wird, dass die Bibeltexte historisch und sprachlich analysiert werden müssen, erst die historisch-kritische Forschung macht diese verständlich. Theologen waren offensichtlich auch über Widersprüche gestolpert.

Nach Jeremias gehen vor allem die Gleichnisse als Kern des Neuen Testamentes auf Jesus zurück. Nach Bultmann lebte Jesus wie ein jüdischer Rabbi, der lehrte und Jünger um sich sammelte, und zu Lebzeiten weder kultisch verehrt noch angebetet worden sei. Historische Erzählungen, messianische Vorstellungen aus dem Alten Testament und hellenistische und gnostische Vorstellungen sind im Jesusbild der Kirche und in der Bibel offenbar heillos vermischt. Im nächsten Kapitel wollen wir uns ausführlich mit diesem Thema beschäftigen.

In dieser Zeit des Suchens und Forschens kaufte ich mir eine deutsche Koranausgabe.[10] Ich entdeckte darin Erzählungen wie im Alten und Neuen Testament, angefangen mit Adam über Noah und Abraham, Moses bis Jesus in klarer, überzeugender Darstellung. Über Jesus fand ich, was auch die oben erwähnte historisch-kritischen Bibelforschung nahe legte: er war (nur) ein Mensch, ein

---

[7] Darauf hatte mich schon meine Mutter hingewiesen.
[8] Rudolf Bultmann, Jesus.
[9] Joachim Jeremias, Die Gleichnisse Jesu.
[10] Es war die verbreitete Koran-Übersetzung von Max Henning, wobei nicht klar ist, wer hinter diesem Pseudonym steht.

erwählter Prophet, der Messias, der mit Gottes Erlaubnis auch Menschen geheilt hat. Dies war mein Zugang zum Islam.

Ich las im erhabenen Qur'an: **Siehe, wer da glaubt und das Rechte tut und das Gebet verrichtet und die Steuer zahlt, deren Lohn ist bei ihrem Herrn; keine Furcht soll über sie kommen und sie sollen nicht traurig sein."** Sure 2, 277
oder [...] **und jene, die beständig das Gebet verrichten, und aus Mildtätigkeit ausgeben, und alle, die an Gott und den letzten Tag glauben – diese sind es, deren Wir eine mächtige Belohnung gewähren werden.** Sure 4, 162

Ich wollte zu diesen Gläubigen gehören, die noch an unzähligen anderen Stellen beschrieben werden! Damals machte ich Zivildienst in der Landesklinik Nordschwarzwald in Calw-Hirsau und fragte einen türkischen Patienten[11] nach eben diesem Gebet, das im Koran vielfach angesprochen wird. Dieser Muslim nahm mich in die nächstgelegene Moschee nach Calw mit. Ich begegnete gastfreundlichen türkischen Muslimen, die meine Fragen beantworteten und mir den Islam erklärten. Im Alter von 20 Jahren wurde ich dort Muslim, indem ich das islamische Glaubensbekenntnis sprach.

Ich bezeuge, dass es keinen Gott außer (dem einen) Gott gibt und ich bezeuge, dass Muhammad der Gesandte Gottes ist.

---

[11] In der Klinik waren nicht nur psychiatrische, sondern wie dieser auch neurologische Patienten; er litt soweit ich mich erinnere an einem Bandscheibenvorfall.

Mit seinen fünf Säulen sowie den sechs Punkten des Glaubens (Iman) ist der Islam eine einfach zu praktizierende und doch tiefgründige Religion.

Islam ist, dass du bezeugst, dass es keinen Gott gibt außer (dem einen) Gott, und dass Muhammad der Gesandte Gottes ist, dass du das Gebet verrichtest, die Zakat (Abgabe der Reichen an die Armen) gibst, im Ramadan fastest und zum Hause pilgerst, wenn du dazu imstande bist.	**Iman ist, dass du an Gott glaubst, an Seine Engel, an Seine Bücher, an Seine Gesandten und an den Jüngsten Tag, und dass du an die Bestimmung glaubst in ihrem Guten und in ihrem Bösen.**

Seit über 30 Jahren lebe ich als Muslim und habe diesen Schritt nie bereut.

Im Gegensatz zu den früheren Propheten, die nur zu ihren eigenen Stämmen und Völkern entsandt wurden,[12] ist der Prophet Muhammad (a.s.) zur ganzen Menschheit entsandt worden.[13]

---

[12] Auch nach biblischer Darstellung wurde beispielsweise Jesus (a.s.) nur zu den Juden gesandt (vgl. Matthäus 15, 24: *"Ich bin nur zu den verlorenen Schafen des Hauses Israel gesandt."*); die Jünger, auch Apostel genannt, spielen für die weltweite Verbreitung des Christentums und die Verkündigung der Frohen Botschaft eine entscheidende Rolle.

[13] Nach einem authentischen Hadith sagte der Gesandte Allahs: *„Mir sind fünf (Besonderheiten) gegeben worden, welche keinem der anderen Propheten vor mir gegeben wurden: Mein Sieg über den Feind wurde durch Schrecken gemacht, dessen Wirksamkeit der Entfernung von einer einmonatigen Marschreise entspricht. Die Erde wurde mir sowohl als Gebetsstätte als auch als Reinigungsmittel gemacht; und wenn jemand von meiner Umma das Gebet bei seiner Fälligkeit verrichten will, der kann es dort und überall verrichten, wo er sich gerade befindet. Die Kriegsbeute ist mir erlaubt; und im Gegensatz zu den frühe-*

Der vom Judentum zum Islam konvertierte Muhammad Asad schreibt in seinem Korankommentar dazu folgendes: „Die Universalität der qur'anischen Offenbarung rührt von drei Faktoren her: erstens, ihr Appell an alle Menschheit ungeachtet der Herkunft, ethnischen Abstammung oder kulturellen Umgebung; zweitens, die Tatsache, daß sie ausschließlich an die Vernunft des Menschen appelliert und daher kein Dogma aufstellt, das allein auf der Grundlage blinden Glaubens anzunehmen wäre; und schließlich die Tatsache, daß – im Unterschied zu allen anderen in der Geschichte bekannten heiligen Schriften – der Qur'an seit seiner Offenbarung vor vierzehn Jahrhunderten in seinem Wortlaut gänzlich unverändert geblieben ist und, weil er so weit verbreitet niedergeschrieben ist, für immer so bleiben wird gemäß dem göttlichen Versprechen: »**Wir sind es, die sie** (diese göttliche Schrift)(**vor aller Verfälschung) hüten werden**« (vgl. Sure 15, 9 …)."

Später nahm ich zusätzlich zu meinem Vornamen Tilmann den Namen Süleyman an, die arabisch-türkische Form des aus der Bibel bekannten Namens ‚Salomon'.[14]

ren Propheten, die nur zu ihren eigenen Leuten entsandt wurden, bin ich für die Menschheit allesamt entsandt worden. Und mir wurde die Fürsprache (am Jüngsten Tag) gegeben." Sahih Buharyy
[14] Im Arabischen wie im Hebräischen werden nur Konsonanten geschrieben, unterschiedliche Vokalisierungen von ‚Slmn' führen zu diesen Formen des Namens.

17

Die historisch-kritische Bibelforschung

D ie historisch-kritische Forschung ist das Kennzeichen
wissenschaftlicher Schriftauslegung in der Neuzeit. Die
Verwendung geschichts- und literaturwissenschaftli-
cher Methoden dient im Wesentlichen dazu, drei Ziele zu verfol-
gen: die philologische Analyse der biblischen Texte, die kritische
Rekonstruktion des historischen Geschehens, das sie thematisieren
bzw. voraussetzen, und die Interpretation ihres geschichtlichen
Aussagesinns.[15]

Der weltberühmte Theologe und Historiker Rudolf Bultmann
gilt als der bedeutendste Exeget des 20. Jahrhunderts.[16] Als Vertreter der historisch-kritischen Bibelforschung schreibt er in der Ein-
leitung zu seinem Buch ‚Jesus' folgendes zur Vorgehensweise:

„Was uns die Quellen bieten, ist ja zunächst die Verkündigung
der Gemeinde, die sie freilich zum größten Teil auf Jesus zurück-
führt. Das beweist aber natürlich nicht, daß alle Worte, die sie ihm
in den Mund legt, wirklich von ihm gesprochen worden sind. Die
kritische Forschung zeigt, daß die ganze Überlieferung von Jesus,
die in den drei synoptischen Evangelien des Matthäus, Markus
und Lukas vorliegt, in eine Reihe von Schichten zerfällt, die im
groben ziemlich sicher voneinander gesondert werden können,
deren Trennung in manchen Einzelheiten aber schwierig und
zweifelhaft ist. Das Johannesevangelium kommt als Quelle für die

---

[15] Vgl. Lexikon für Theologie und Kirche. Hrsg. von Walter Kasper, fünf-
ter Band, Freiburg/Basel/Rom/Wien.
[16] Nach dem Biographisch-Bibliographischen Kirchenlexikon, hrsg. von
F.-W. Bautz, fortgeführt von T.Bautz, Band XXI, Nordhausen 2003.
Exegese ist die Auslegung der biblischen Schriften, die deren Sinn und
Bedeutung erklärt.

Verkündigung Jesu wohl überhaupt nicht in Betracht und ist deshalb in der folgenden Darstellung gar nicht berücksichtigt worden. Die Trennung jener Schichten in den synoptischen Evangelien nun geht zunächst von der Tatsache aus, daß diese Evangelien griechisch innerhalb des hellenistischen Christentums verfaßt sind, während Jesus und die älteste Gemeinde in Palästina ihren Platz hatten und aramäisch sprachen. Alles, was in den Synoptikern aus sprachlichen oder sachlichen Gründen nur im hellenistischen Christentum entstanden sein kann, scheidet deshalb als Quelle für die Verkündigung Jesu aus. Die kritische Analyse zeigt aber, daß der wesentliche Bestand dieser drei Evangelien aus der aramäischen Überlieferung der ältesten palästinensischen Gemeinde übernommen worden ist. Innerhalb dieses Bestandes nur lassen sich wieder verschiedene Schichten unterscheiden, indem das, was spezifische Interessen der Gemeinde verrät oder die Züge einer fortgeschrittenen Entwicklung trägt, als sekundär ausgeschieden werden muß. Man kommt so mittels der kritischen Analyse zu einer ältesten Schicht, auch wenn man diese nur mit relativer Sicherheit abgrenzen kann."[17]

Bultmann über Jesus

Das Buch ,**Jesus'** von Bultmann ist auch für Nichttheologen verständlich geschrieben und hat mein Jesusbild entscheidend geprägt. Der Autor legt auf Basis seines Wissens und seiner Erkenntnisse klar und nachvollziehbar dar, wer Jesus war und was er verkündet hat. Folgen wir Bultmann in einigen entscheidenden Punkten:

Jesus ein jüdischer Rabbi

„Aber das ist nun deutlich, wenn die evangelische Überlieferung wirklich einigen Glauben verdient, daß Jesus in der Tat als

[17] Rudolf Bultmann: Jesus. Tübingen 1977 (Erstausgabe 1926), S. 13.

jüdischer Rabbi gewirkt hat. Wie ein solcher tritt er als Lehrer in den Synagogen auf. Wie ein solcher sammelt er einen Kreis von Schülern um sich. Wie ein solcher disputiert er über Fragen des Gesetzes mit Schülern und Gegnern und mit wißbegierigen Leuten, die sich an ihn, den berühmten Rabbi, wenden."[18]

Jesus ein Prophet

„Würde man das Auftreten Jesu nur auf Grund seiner eschatologischen Verkündigung charakterisieren, so würde man ihn als Prophet bezeichnen, wie der Täufer genannt wurde (Mark 11, 32; Matth 11, 9). In der Tat wird Jesus mehrfach als Prophet bezeichnet, wenn auch seine Gemeinde, die ihn für den Messias hielt, das als einen zu geringen Titel ansah (Mark 8, 28; Matth 21, 11. 46; Luk 7, 16. 39; 13, 33; 24, 19; vgl. Matth 12, 39)."[19]

Die Autorität der Schrift

„Jedenfalls stimmt Jesus mit den Schriftgelehrten seiner Zeit darin überein, daß die Autorität des (alttestamentlichen) Gesetzes für ihn selbstverständlich ist."

Und weiter unten:„Jesus hat nicht das Gesetz bekämpft, sondern er hat es, dessen Autorität für ihn selbstverständlich war, erklärt. Daß diese Erklärung den ursprünglichen Sinn des Gesetzes oft sprengte, daß Jesu Verhalten dem Gesetz gelegentlich widersprach, ist eine andere Sache und steht nicht im Widerspruch damit, daß er meinte, im Gesetz den Willen Gottes zu finden."[20]

[18] Ebd., S. 43f.
[19] Ebd., S. 43.
[20] Ebd., S. 46.

Jesus der Messias

„Wohl hat die älteste Gemeinde ihn für den Messias[21] gehalten, aber damit spricht sie ihm nicht ein besonderes metaphysisches Wesen zu, auf Grund dessen seine Worte Autorität seien, sondern sie bekennt damit auf Grund der Autorität seiner Worte, daß Gott ihn zum König der Gemeinde gemacht hat.[22]

Wunderglaube

„Daß es Wunder gibt, ist eine Überzeugung, die Jesus mit seinem Volk selbstverständlich gemeinsam ist. [...] Die christliche Gemeinde war überzeugt, daß Jesus Wunder getan hat, und erzählte von ihm eine Menge von Wundergeschichten."[23]

Gott der Vater

„Als der nahe Gott heißt Gott der Vater, dessen Kinder also die Menschen sind. Aber dabei ist wieder entscheidend, daß Jesus damit nicht etwa einen neuen Gottesbegriff lehren will und nicht etwa sie Tatsache von der Gotteskindschaft der Menschen als etwas Neues und Unerhörtes vorträgt. Tatsächlich war ja die An-

---

[21] Das Wort bedeutet ‚der Gesalbte', griechisch-lateinisch ‚Christus'. Bultmann erklärt in seinem Buch ‚Theologie des Neuen Testaments': „In der Tat: ‚Messias' ist die Bezeichnung des eschatologischen Herrschers; das Wort bedeutet ‚der Gesalbte' und hat den einfachen Sinn von ‚König' gewonnen. Jesus aber ist nicht als König aufgetreten, sondern als Prophet und Rabbi – als Exorzist mag man hinzufügen. Nichts von der Macht und Herrlichkeit, die nach jüdischer Vorstellung den Messias charakterisiert, ist im Leben Jesu verwirklicht – auch nicht etwa in seinen Exorzismen und sonstigen Krafttaten. Denn Wunder sind nach jüdischem Glauben wohl ein Charakteristikum der messianischen Zeit, aber der Messias wird nicht als Wundertäter vorgestellt." (Tübingen 1984)
[22] Rudolf Bultmann: Jesus. Tübingen 1977, S. 146.
[23] Ebd., S. 118f.

schauung von Gott als dem Vater dem Judentum geläufig, und Gott wurde von der betenden Gemeinde wie von einzelnen Frommen als der Vater angerufen."[24]

Jesus nicht ‚Gottes Sohn'

„Das griechische Christentum hat Jesus alsbald zum ‚Sohne Gottes' gemacht in dem Sinne, daß es ihm eine göttliche ‚Natur' zuschrieb, also eine Betrachtungsweise seiner Person einführte, die ihm selbst so fremd wie möglich war."[25]

Jesus' Tod

„Im übrigen hat Jesus nicht von seinem Tod und seiner Auferstehung und von ihrer Heilsbedeutung geredet. Zwar sind ihm in den Evangelien einige Worte solchen Inhalts in den Mund gelegt, aber sie stammen erst aus dem Glauben der Gemeinde, und zwar durchweg nicht einmal aus der Urgemeinde, sondern aus dem hellenistischen Christentum."[26]

Sündenvergebung

„Wenn dem Menschen, der Sünder ist, überhaupt irgend etwas helfen kann, so ist es nur dies, daß Gott ihm vergibt. Jesus verkündigt Gottes Vergebung, und auch damit verkündigt er dem Judentum gegenüber nichts Neues."[27]

Mission

„Aber diese erste Gemeinde zeigt eben deutlich, daß Jesu Verkündigung sich nicht über die Grenzen des Jüdischen Volkes hin-

---

[24] Ebd., S. 130f.
[25] Ebd., S. 146.
[26] Ebd., S. 145.
[27] Ebd., S. 136.

aus richtete; an Mission unter den Heiden hat er nie gedacht. Erst unter schwierigen Konflikten ist es in der Urgemeinde zur Heidenmission gekommen, und dabei war es zunächst selbstverständlich, daß solche Mission gedacht war als Gewinnung für das auserwählte Volk, für die jüdische messianische Gemeinde. Der Heide, der zu den Auserwählten der Endzeit gehören wollte, mußte sich beschneiden lassen und das jüdische Gesetz halten."[28]

Fassen wir zusammen: Jesus war ein jüdischer Rabbi, ein Prophet und der Messias, der zu seinem Volk gepredigt und Wunder vollbracht hat. Wie wir im nächsten Kapitel sehen werden, stimmen praktisch alle diese Vorstellungen über Jesus mit denen im Islam überein.

Kult

Erst im hellenistischen Christentum wird Jesus als ,Gottes Sohn' und als ,Herr' bezeichnet und angebetet. Es kommt zu einem Synkretismus, so der Fachausdruck, zur Vermischung verschiedener Religionen und einzelner ihrer Phänomene.

Bultmann führt dies in seinem Buch ,Das Urchristentum im Rahmen der antiken Religionen' detailliert aus:

"Aufs Ganze gesehen ist der Hauptunterschied des hellenistischen Christentums von der palästinensischen Urgemeinde der, daß sein Charakter nicht schlechthin durch die eschatologische Erwartung und das mit ihr gegebene Selbstverständnis geprägt ist, vielmehr durch die sich herausbildende Kultusfrömmigkeit. [...] Daß ,Christos', die Übersetzung des ,Messias', Jesus als den König der Heilszeit bezeichnet, wird nicht mehr verstanden, und aus dem Titel wird der Eigenname. Andere Titel treten an seine Stelle: ,Gottessohn' und ,Sotér' (Retter), auch im heidnischen Hellenis-

---

[28] Ebd., S. 33f.

mus als Bezeichnung von Heilbringern geläufig; vor allem aber wird ‚Kyrios' (Herr) zum beherrschenden Titel. Er charakterisiert Jesus als die im Kultus verehrte Gottheit, deren Kräfte im Gottesdienst der Kultgemeinde wirksam werden. Hellenistisches Pneumatikertum mit Ekstase und Glossolalie (Zungenreden) finden Eingang in die Gemeinden. Der Kyrios Jesus Christos wird nach Art einer Mysteriengottheit verstanden, an deren Tod und Auferstehung der Gläubige durch den Empfang der Sakramente teil gewinnt. Neben sakramentaler Kultusfrömmmigkeit dringt gnostische ‚Weisheit' schon sehr früh ein; Gedanken und Begriffe des gnostischen Erlösungsmythos müssen dazu dienen, die Gestalt JESU CHRISTI, sein Werk und Wesen der Gemeinde zu beschreiben, und damit dringen auch Motive einer asketischen Ethik, ja auch des Libertinismus ein."[29]

„Die Gestalt Jesu erscheint bald im Gewande der jüdischen messianischen und apokalyptischen Vorstellungswelt, bald als der kultisch verehrte ‚Herr', als Mysteriengottheit, bald als der gnostische Erlöser, der präexistente, aus der Himmelswelt gekommene Gesandte, dessen irdischer Leib nur Verkleidung ist, so daß nicht die ‚Archonten dieser Welt', sondern nur die ‚Seinen' ihn erkennen können. Die Gemeinschaft der Christen, die ‚Kirche', wird bald in alttestamentlicher Begrifflichkeit vorgestellt als das wahre Gottesvolk, als die echte Nachkommenschaft ABRAHAMS, bald in gnostischer Begrifflichkeit als der ‚Leib Christi', dem die einzelnen durch die Sakramente der Taufe und des Herrenmahls eingegliedert werden."[30]

[29] Rudolf Bultmann: Das Urchristentum im Rahmen der antiken Religionen. München 1962, S. 164f.
[30] Ebd., S. 166.

Die Gleichnisse Jesu

Eine andere wichtige Schrift war für mich ‚Die Gleichnisse Jesu' von Joachim Jeremias. Als Professor für Neues Testament in Göttingen wendete er die wissenschaftliche Schriftauslegung auf die Gleichnisse Jesu an. Sein Hauptanliegen ist die Herausarbeitung der ursprünglichen Verkündigung Jesu.

„Die Gleichnisse Jesu sind nicht nur, aufs Ganze gesehen, besonders zuverlässig überliefert, sondern auch, so scheint es, ein völlig unproblematischer Stoff. Sie führen die Hörer in eine ihnen vertraute Welt; das ist alles so schlicht und klar, daß ein Kind es verstehen kann, so einleuchtend, daß der Hörer immer nur antworten kann: Ja, so ist es. Dennoch stellen die Gleichnisse uns vor ein schwieriges Problem, und das ist: *die Ermittlung ihres ursprünglichen Sinnes.*

Schon in allerfrühester Zeit nämlich, bereits in den ersten Jahrzehnten nach Jesu Tod, haben die Gleichnisse gewisse Umdeutungen erfahren. So hat man sehr früh begonnen, die Gleichnisse als Allegorien zu behandeln, d.h. jeder Einzelheit der Gleichnisse einen besonderen Tiefsinn zuzusprechen [...]. Diese Art allegorischer Deutung hat sich jahrhundertelang wie ein dichter Schleier über den Sinn der Gleichnisse gelegt."[31]

Viele Gleichnisse kennen wir aus den synoptischen Evangelien[32] in unterschiedlichen Formen, außerdem benutzt der Autor für

---

[31] Joachim Jeremias: Die Gleichnisse Jesu. Kurzausgabe, 11. Auflage, Göttingen 1996, S. 10.
[32] Bezeichnung für das Matthäus- Markus- und Lukasevangelium, zurückgehend auf die in der Literatur verwendete Methode der Synopse, der Anordnung von verwandten Texten in parallelen Spalten zu wissenschaftlichen Zwecken. Die wissenschaftlichen Untersuchungen zu den Schriften des Neuen Testaments zeigen, dass die synoptischen Evangelien zwischen 70 und 90 n. Chr. verfasst worden sind, die Namen der Ver-

seine Analysen auch das Thomasevangelium[33], das offenbar elf synoptische Gleichnisse selbständig überliefert. Beschrieben werden Gesetze der Umwandlung, die durch die Übersetzung der Gleichnisse ins Griechische, Wandlungen des Anschauungsmaterials, Ausschmückungen, Einwirkung des Alten Testaments und volkstümlicher Erzählungsmotive, Wechsel der Hörerschaft, die Verwendung der Gleichnisse für die kirchliche Paränese[34], die Einwirkung der Lage der Kirche, die schon erwähnte Allegorisierung, Gleichnissammlungen und Gleichnisfusionen sowie des Rahmens zustande kommen.

fasser sind nicht bekannt. Die kirchliche Überlieferung schreibt sie den Aposteln Matthäus dem Zöllner, dem Judenchristen Markus und dem Arzt Lukas zu. Die Kirche vertritt außerdem die Meinung, die Evangelien seien vom Heiligen Geist inspiriert. Dies entspricht nicht unbedingt dem Selbstverständnis der Autoren, das Evangelium nach Lukas beginnt z.B. wie folgt: *Schon viele haben es unternommen, einen Bericht über all das abzufassen, was sich unter uns ereignet und erfüllt hat. Dabei hielten sie sich an die Überlieferung derer, die von Anfang an Augenzeugen und Diener des Wortes waren. Nun habe auch ich mich entschlossen, allem von Grund auf sorgfältig nachzugehen, um es für dich, hochverehrter Theophilus, der Reihe nach aufzuschreiben. So kannst du dich von der Zuverlässigkeit der Lehre überzeugen, in der du unterwiesen wurdest.*
Lk 1, 1-4

[33] Berichte, die in die Bibel aufgenommen wurden, werden als kanonisch bezeichnet; die übrigen sind die sog. Apokryphen. Die formale Kanonisierung des Neuen Testaments fand im vierten Jahrhundert statt. Als wichtigstes Schreiben in der Geschichte des neutestamentlichen Kanon gilt dabei der 39. Osterfestbrief des Bischofs Athanasius von Alexandria aus dem Jahr 367, der die bis heute in allen christlichen Kirchen anerkannten 27 Schriften des Neuen Testaments aufzählt und als für die Kirche verbindlich einstuft.

[34] Ermahnungsschrift oder –rede, Mahnpredigt.

Schauen wir uns einmal einfache Beispiele der Ausschmückung an und folgen den Ausführungen von Jeremias:

„Im Gleichnis von den Knechten, denen Gelder anvertraut wurden, erhalten bei Matthäus von drei Knechten der eine fünf, der andere zwei und der dritte einTalent, d.h. fünfzig-, zwanzig- und zehntausend Denare (Mt 25, 15)[35], bei Lukas von zehn Knech-

---

[35] *Das Gleichnis von den Talenten*
Es ist wie mit einem Mann, der auf Reisen ging: Er rief seine Diener und vertraute ihnen sein Vermögen an. Dem einen gab er fünf Talente Silbergeld, einem anderen zwei, wieder einem anderen eines, jedem nach seinen Fähigkeiten. Dann reiste er ab. Sofort begann der Diener, der fünf Talente erhalten hatte, mit ihnen zu wirtschaften, und er gewann noch fünf dazu. Ebenso gewann der, der zwei erhalten hatte, noch zwei dazu. Der aber, der das eine Talent erhalten hatte, ging und grub ein Loch in die Erde und versteckte das Geld seines Herrn. Nach langer Zeit kehrte der Herr zurück, um von den Dienern Rechenschaft zu verlangen. Da kam der, der die fünf Talente erhalten hatte, brachte fünf weitere und sagte: Herr, fünf Talente hast du mir gegeben; sieh her, ich habe noch fünf dazugewonnen. Sein Herr sagte zu ihm: Sehr gut, du bist ein tüchtiger und treuer Diener. Du bist im Kleinen ein Treuer Verwalter gewesen, ich will dir eine große Aufgabe übertragen. Komm, nimm teil an der Freude deines Herrn! Dann kam der Diener, der zwei Talente erhalten hatte, und sagte: Herr, du hast mir zwei Talente gegeben; sieh her, ich habe noch zwei dazugewonnen. Sein Herr sagte zu ihm: Sehr gut, du bist ein tüchtiger und treuer Diener. Du bist im Kleinen ein treuer Verwalter gewesen, ich will dir eine große Aufgabe übertragen. Komm, nimm teil an der Freude deines Herrn! Zuletzt kam auch der Diener, der das eine Talent erhalten hatte, und sagte: Herr, ich wußte, dass du ein strenger Mann bist; du erntest, wo du nicht gesät hast, und sammelst, wo du nicht ausgestreut hast; weil ich Angst hatte, habe ich dein Geld in der Erde versteckt. Hier hast du es wieder. Sein Herr antwortete ihm: Du bist ein schlechter und fauler Diener! Du hast doch gewußt, daß ich ernte, wo ich nicht gesät habe, und sammle, wo ich nicht ausgestreut habe. Hättest du mein Geld wenigstens auf die Bank gebracht, dann hätte ich es bei meiner Rückkehr mit Zinsen zurückerhalten. Darum nehmt ihm das Talent weg und gebt es dem, der die zehn Talente hat! Denn wer hat, dem wird gegeben, und er wird im Überfluß haben; wer aber nicht hat, dem wird auch noch weggenommen, was er hat. Werft den nichtsnut-

ten jeder nur hundert Denare (Lk 19, 13). Daß die Dreizahl der Knechte (so Matthäus) ursprünglich ist, zeigt der Fortgang bei Lukas (Lk 19, 16-21); auch bei der Geldsumme ist die niedrigere Zahl (so Lukas) sicher ursprünglich, da die Summe bei beiden Evangelisten ausdrücklich als ,ganz geringer Betrag' (Mt 25, 21.23 par. Lk 19, 17) bezeichnet wird, wozu zehn- bis fünfzigtausend Denare schlecht passen. Bei Lukas ist also die Zahl der Knechte gewachsen, bei Matthäus die Geldsumme enorm gesteigert."[36]

Bei folgendem Beispiel der Allegoriesierung[37] ist der ursprüngliche Sinn des Gleichnisses überraschend und doch überzeugend. Folgen wir wieder der Argumentation Jeremias:

„Als weiteres Beispiel für allegorische Deutung bei Markus ist das *Gleichnis von den bösen Winzern* (Mk 12, 1-11[38]; Mt 21, 33-44; Lk

---

zigen Diener hinaus in die äußerste Finsternis! Dort wird er heulen und mir den Zähnen knirschen.

[36] Joachim Jeremias: Die Gleichnisse Jesu. Kurzausgabe, 11. Auflage, Göttingen 1996, S. 17.

[37] Allegorie ist eine Darstellung eines abstrakten Begriffs in einem Bild.

[38] *Das Gleichnis von den bösen Winzern*

Jesus begann zu ihnen (wieder) in Form von Gleichnissen zu reden. (Er sagte:) Ein Mann legte einen Weinberg an, zog ringsherum einen Zaun, hob eine Kelter aus und baute einen Turm. Dann verpachtete er den Weinberg an Winzer und reiste in ein anderes Land. Als nun die Zeit dafür gekommen war, schickte er einen Knecht zu den Winzern, um bei ihnen seinen Anteil an den Früchten des Weinbergs holen zu lassen. Sie aber packten und prügelten ihn und jagten ihn mit leeren Händen fort. Darauf schickte er einen anderen Knecht zu ihnen; auch ihn mißhandelten und beschimpften sie. Als er einen dritten schickte, brachten sie ihn um. Ähnlich ging es vielen anderen: die einen wurden geprügelt, die anderen umgebracht. Schließlich blieb ihm nur noch einer: sein geliebter Sohn. Ihn sandte er als letzten zu ihnen, denn er dachte: Vor meinem Sohn werden sie Achtung haben. Die Winzer aber sagten zueinander: Das ist der Erbe. Auf, wir wollen ihn töten, dann gehört sein Erbgut uns. Und sie packten ihn und brachten ihn um und warfen ihn aus dem Weinberg hinaus. Was wird nun der Besit-

20, 9-18; ThEv 65) zu nennen. Dieses an das ‚Lied vom Weinberg‘ Jes 5, 1-7 anknüpfende Gleichnis steht mit seinem allegorischen Charakter einzig da unter den synoptischen Gleichnissen Jesu: der Weinberg ist offensichtlich Israel, die Pächter seine Regenten und Führer, der Grundherr ist Gott, die Boten sind die Propheten, der Sohn ist Christus, die Bestrafung der Winzer versinnbildlicht die Verwerfung Israels, das ‚andere Volk‘ (Mt 21, 43) ist die Heidenkirche. Scheinbar ist das Ganze eine reine Allegorie. Ein Vergleich der Texte zeigt jedoch, daß dieser Eindruck schwerlich richtig ist."[39]

Der Autor vergleicht die einzelnen Versionen dieses Gleichnisses. Bei Markus und Matthäus wird die Anlage des Weinberges detailliert mit Zaun, Kelter und Turm geschildert, wohl in Anlehnung an das ‚Lied vom Weinberg‘ bei Jesaja. Dies erweist sich wohl als ‚sekundäre Ausgestaltung‘, da sich dies weder bei Lukas noch im Thomasevangelium findet und in Bezugnahme auf Jes 5 nicht der hebräische Urtext, sondern die griechische Übersetzung (Septuaginta) benutzt wird.

„Noch deutlicher läßt sich bei der Sendung der Knechte beobachten, dass die Allegorisierung sich erst nachträglich des Stoffes bemächtigt hat."[40] Er zeigt, dass das Gleichnis nicht aus dem Rahmen des wirklichen Lebens heraustritt und ursprünglich nicht allegorisch gemeint war.

---

zer des Weinbergs tun? Er wird kommen und die Winzer töten und den Weinberg anderen geben. Habt ihr nicht das Schriftwort gelesen: Der Stein, den die Bauleute verworfen haben, er ist zum Eckstein geworden: das hat der Herr vollbracht, vor unseren Augen geschah dieses Wunder?

[39] Joachim Jeremias: Die Gleichnisse Jesu. Kurzausgabe, 11. Auflage, Göttingen 1996, S. 50.
[40] Ebd.

Im Thomasevangelium endet die Erzählung abrupt mit der Ermordung des Sohnes. „Schon dieser Abschluß verbietet es schlechterdings, in dem Gleichnis eine Allegorie der Urkirche zu sehen, die Jesus in den Mund gelegt worden wäre; denn für die Urkirche hatte die Auferstehung Jesu eine so zentrale Bedeutung, daß sie sie sicherlich im Rahmen der Erzählung erwähnt haben würde."[41] Bei Markus wird der Sohn innerhalb des Weinberges getötet, nichts erinnere an die Passion Jesu. „Anders bei Matthäus (21, 39) und Lukas (20, 15): bei ihnen wird umgekehrt der Sohn erst aus dem Weinberg hinausgestoßen und dann außerhalb desselben umgebracht – eine Anspielung auf die Tötung Jesu außerhalb der Stadt (Joh 19, 17; Hebr 13, 12f). Wir stoßen hier also bei Matthäus und Lukas auf eine Verdeutlichung der christologischen Spitze des Gleichnisses."[42] Wieder läßt sich zeigen, dass wahrscheinlich Schriftbeweise angefügt worden sind, „weil man das Bedürfnis empfand, das Schicksal des Sohnes aus der Schrift zu begründen und die vermißte Erwähnung der Auferstehung nachzutragen."[43]

„Erst jetzt kann die Frage beantwortet werden, was der ursprüngliche Sinn des Gleichnisses ist. Es will, wie so viele Gleichnisse Jesu, die Darbietung der Frohbotschaft an die Armen rechtfertigen. Ihr, die Pächter des Weinbergs und Führer des Volkes, habt nicht gewollt, habt Widersetzlichkeit gegen Gott auf Widersetzlichkeit gehäuft! Auch den letzten Gottesboten weist ihr ab! Das Maß ist voll! Darum wird Gottes Weinberg anderen gegeben (Mk 12, 9) [...]."[44]

Wie wir sehen, wurden die Gleichnisse verändert, um einen christologischen Sinn hineinzulegen.

[41] Ebd., S. 52.
[42] Ebd.
[43] Ebd., S. 52f.
[44] Ebd., S. 55.

Die historisch-kritische Bibelforschung ist seit Generationen Teil der universitären theologischen Ausbildung. Für meinen Vater, der in der Mitte des zwanzigsten Jahrhunderts evangelische Theologie studiert hat, war dies eine Bereicherung und erweiterte seinen Horizont.[45]

Mir haben diese Erkenntnisse den Weg zum Islam geebnet. Die Analysen von Jeremias und die von Bultmann waren die Grundlage für meinen Zugang zum Koran mit seinem Jesusbild.

Es ist übrigens erstaunlich, dass diese wissenschaftlichen Erkenntnisse den Laien mehr oder weniger vorenthalten werden. Hans Conzelmann, ebenfalls Professor für Neues Testament, erklärte 1959: „Die Kirche lebt faktisch davon, daß die Ergebnisse der wissenschaftlichen Leben-Jesu-Forschung in ihr nicht publik sind!"[46]

---

[45] Andere sehen dies grundlegend anders, der Marburger Pfarrer Hans Bruns schrieb z.B. in einem Brief an die Evangelische Kirche, dass durch Bultmann „die entscheidende Grundlage unserer Botschaft wie selbstverständlich geleugnet, [...] junge Theologen verwirrt und irregeführt" (Barth-Bultmann, 281) werden. Hartwig Thyen: Rudolf Bultmann 100 Jahre. Oldenburger Vorträge. Oldenburg 1985, S. 115f.
[46] Ebd., S. 117.

Jesus im Koran

Es gibt viele Gemeinsamkeiten von Jesus im Neuen Testament, insbesondere wie ihn Vertreter der historisch-kritischen Forschung sehen, und Jesus im Koran[47]. Hier einige Textstellen:

Empfängnis

Und erinnere dich, durch diese göttliche Schrift, an Maria. Siehe! Sie zog sich von ihrer Familie zurück an einen östlichen Ort, und hielt sich zurückgezogen von ihnen, woraufhin Wir

---

[47] Eigentlich Qur'an, was aus dem Arabischen übersetzt ‚Das oft zu Lesende' bedeutet. Als Koran kann eigentlich nur die arabische Ausgabe bezeichnet werden, Übersetzungen enthalten immer auch Interpretationen. Für meine Zitate habe ich die Übersetzung von Muhammad Asad gewählt, die mit arabischem Korantext vorliegt: Die Botschaft des Koran, Übersetzung und Kommentar, Düsseldorf 2009; von Ahmad von Denffer und Yusuf Kuhn ins Deutsche übertragen (Originalausgabe: ‚The Message of The Qur'an', erschienen 1980).

Muhammad Asad mit Gebutsnamen Leopold Weiss war Anfang des 20. Jahrhunderts vom Judentum zum Islam konvertiert. In seiner Jugend hatte er eine fundierte religiöse Erziehung erfahren, hebräisch und aramäisch gelernt und das Alte Testament in seiner ursprünglichen Fassung studiert. Als junger Mann kehrte er sich vom jüdischen Glauben ab mit dem Hinweis, dass Gott (t.) weniger als Schöpfer und Erhalter der ganzen Menschheit, sondern beinahe als eine Stammesgottheit erschien. Das Christentum gefiel ihm in diesem Punkt besser, da sich Gottes Vaterschaft über die ganze Menschheit erstreckte. Was ihm allerdings eine Bekehrung zum Christentum unmöglich machte war die Unterscheidung zwischen dem Bereich des Glaubens und dem des praktischen Handelns. Erst im Islam fand er ‚eine harmonisch-vollendete Architektur' und ‚mit vollkommener Gewißheit' ein von Gott eingegebenes Buch.

Unseren Engel der Offenbarung zu ihr sandten, der ihr in der Gestalt eines wohlgestalteten Menschen erschien. Sie rief aus: «Wahrlich ich suche Zuflucht vor dir bei dem Allergnädigsten; (nahe mir nicht,) wenn du dir Seiner bewußt bist!» (Der Engel) antwortete: «Ich bin nur ein Gesandter deines Erhalters, (der sagt:) „Ich werde dir das Geschenk eines mit Reinheit versehenen Sohnes erteilen."» Sie sagte: «Wie kann ich einen Sohn haben, da kein Mann mich je berührt hat? - denn ich bin niemals eine liederliche Frau gewesen!» (Der Engel) antwortete: «Also ist es; (aber) dein Erhalter sagt: "Dies ist leicht für Mich, und (du sollst einen Sohn haben,) auf daß Wir ihn zu einem Symbol für die Menschheit und einen Akt der Gnade von Uns machen."» Und es war eine (von Gott) bestimmte Sache: und beizeiten empfing sie ihn, und dann zog sie sich mit ihm zurück an einen weit entfernten Ort. Sure 19, 16-22 [48]

[48] Die vergleichbare Stelle im Neuen Testament lautet: *Im sechsten Monat wurde der Engel Gabriel von Gott in eine Stadt in Galiläa namens Nazaret zu einer Jungfrau gesandt. Sie war mit einem Mann namens Josef verlobt, der aus dem Haus David stammte. Der Name der Jungfrau war Maria. Der Engel trat bei ihr ein und sagte: Sei begrüßt, du Begnadete, der Herr ist mit dir. Sie erschrak über die Anrede und überlegte, was dieser Gruß zu bedeuten habe. Da sagte der Engel zu ihr: Fürchte dich nicht Maria; denn du hast bei Gott Gnade gefunden. Du wirst ein Kind empfangen, einen Sohn wirst du gebären: dem sollst du den Namen Jesus geben. Er wird groß sein und Sohn des Höchsten genannt werden. Gott, der Herr, wird ihm den Thron seines Vaters David geben. Er wird über das Haus Jakob in Ewigkeit herrschen, und seine Herrschaft wird kein Ende haben. Maria sagte zu dem Engel: Wie soll das geschehen, da ich keinen Mann erkenne? Der Engel antwortete ihr: Der Heilige Geist wird über dich kommen, und die Kraft des Höchsten wird dich überschatten. Deshalb wird auch das Kind heilig und Sohn Gottes genannt werden. Auch Elisabeth, deine Verwandte, hat noch in ihrem Alter einen Sohn empfangen; obwohl sie als unfruchtbar galt, ist sie jetzt schon im sechsten Monat. Denn für Gott ist nichts unmöglich. Da sagte Maria: Ich bin die Magd des Herrn; mir geschehe, wie du es gesagt hast. Danach verließ sie der Engel. Lk 1, 26-38*

Auch Muslime glauben wie an sich Christen, dass Jesus keinen irdischen Vater hat; Josef kommt übrigens im Koran nicht vor. Maria wird besonders geehrt und ist die einzige Frau, die im Koran namentlich erwähnt wird.

Jesus kommt namentlich 25 Mal im Koran vor, dabei meistens mit dem Zusatz ‚Sohn der Maria'. Oft wird er auch einfach als der Messias bezeichnet, häufig auch mit dem Zusatz ‚Sohn der Maria'.

Messias

Die Bezeichnung ‚al-masih', die für Jesus oft gebraucht wird, ist die arabisierte Form des aramäischen ‚meshiha', das sich wiederum vom hebräischen ‚mahsiah', ‚der Gesalbte' herleitet. Der Begriff wird in der Bibel häufig für die hebräischen Könige gebraucht, die mit dem heiligen Öl aus dem Tempel geweiht wurden. Dieser Ehrentitel wurde wohl auf Jesus schon zu seinen Lebzeiten angewendet, ‚Christos' bzw. ‚Christus' ist die griechische Form.

Wunder

Und Er wird ihn das Buch lehren und die Weisheit und die Thora und das Evangelium. „Ich komme zu euch mit einem Zeichen von eurem Herrn: daß ich für euch aus Ton bilden werde, wie ein Vogel bildet; dann werde ich ihm (Geist) einhauchen, und es wird ein beschwingtes Wesen werden nach Allahs Gebot; und ich werde die Blinden und die Aussätzigen heilen und die Toten lebendig machen nach Allahs Gebot; und ich werde euch verkünden, was ihr esst und was ihr aufspeichern möget in euren Häusern. Wahrlich, darin ist ein Zeichen für euch, wenn ihr gläubig seid. Und (ich komme) das zu erfüllen, was vor mir war, nämlich die Thora, und euch einiges zu erlauben von dem, was euch verboten war; und ich komme zu euch mit einem Zeichen von eurem Herrn; so fürchtet Allah und gehorchet mir.

Wahrlich, Allah ist mein Herr und euer Herr; so betet Ihn an: dies ist der gerade Weg." Sure 3, 42-51

Dass Jesus Wunder vollbracht hat, finden wir in der Bibel wie im Koran. Das Wunder mit dem Vogel finden wir im Neuen Testament nicht, nur im außerkanonischen Kindheitsevangelium des Thomas finden wir eine vergleichbare Geschichte, in der das kleine Jesuskind aus Lehm Sperlinge formt, in die Hände klatscht und diese wegfliegen. Nach dem Koran und dem islamischen Verständnis geschehen diese Wunder nach Gottes Gebot und mit Seiner Erlaubnis, es sind Beweise und Zeichen seiner göttlichen Bevollmächtigung.

Prophet

Jesus wird im Koran in der Reihe anderer Propheten genannt, die uns aus dem Alten Testament bekannt sind:

Und wir ließen Jesus, den Sohn der Maria, in den Fußstapfen jener (früheren Propheten) folgen, die Wahrheit dessen bestätigend, was immer von der Torah noch erhalten war; und wir gewährten ihm das Evangelium, in dem Rechtleitung und Licht war, die Wahrheit dessen bestätigend, was immer von der Torah noch erhalten war, und als Rechtleitung und Ermahnung für die Gottesbewußten. Sure 5, 46

Sagt: «Wir glauben an Gott und an das, was zu uns von droben erteilt worden ist, und das, was Abraham und Ismael und Isaak und Jakob und ihren Nachkommen erteilt worden ist, und das, was Moses und Jesus gewährt worden ist, und das, was allen (anderen) Propheten von ihrem Erhalter gewährt worden ist: Wir machen keinen Unterschied zwischen irgendeinem von ihnen. Und Ihm ergeben wir uns.» Sure 2, 136

Denn, fürwahr, Wir gewährten Moses die göttliche Schrift und ließen Gesandten nach Gesandten ihm folgen; und Wir gewährten Jesus, dem Sohn der Maria, allen Beweis der Wahrheit und stärkten ihn mit heiliger Eingebung[49]. Sure 2, 87

Jesus, wie er im Koran dargestellt wird, ist einem bibelkundigen Christen also durchaus vertraut!

Gottessohnschaft und Dreieinigkeit

Wir kommen jetzt zu einem Kritikpunkt des Korans an der christlichen Lehre der Dreieinigkeit und einer behaupteten Gottessohnschaft. In diesem wesentlichen Punkt weicht die Darstellung im Koran von den Vorstellungen vieler Christen ab. Wie gesehen zeigt die historisch-kritische Bibelforschung, dass entsprechende Stellen im Neuen Testament nicht ursprünglich sind und nicht auf Jesus zurückgehen. Im Kontext des Judentums ist dies auch kaum vorstellbar, dies sind eindeutig Anschauungen aus dem hellenistischen Weltbild.[50]

---

[49] Wörtlich: mit dem Heiligen Geist.
[50] Wie stark hellenistische Vorstellungen zur Zeit des Neuen Testaments verbreitet waren und wie selbst noch die Jünger Zeugnis von dem einen Gott ablegten, zeigt folgendes Beispiel aus der Apostelgeschichte: *In Lystra war ein Mann, der von Geburt an gelähmt war; er saß ohne Kraft in den Füßen da und hatte nie gehen können. Er hörte der Predigt des Paulus zu. Dieser blickte ihm fest ins Auge; und da er sah, daß der Mann darauf vertraute, gerettet zu werden, rief er laut: Steh auf! Stell dich aufrecht auf deine Füße! Da sprang der Mann auf und ging umher. Als die Menge sah, was Paulus getan hatte, fing sie an zu schreien und rief auf lykaonisch: Die Götter sind in Menschengestalt zu uns herabgestiegen. Und sie nannten den Barnabas Zeus, den Paulus aber Hermes, weil er der Wortführer war. Der Priester des »Zeus von der Stadt« brachte Stiere und Kränze an die Tore und wollte zusammen mit der Volksmenge ein Opfer darbringen. Als die Apostel Barnabas und Paulus davon hörten, zerrissen sie ihre Kleider, sprangen unter das Volk und riefen: Männer, was tut ihr? Auch wir sind nur Menschen, von gleicher Art wie ihr; wir bringen euch das Evangelium, damit ihr euch von diesen nichtigen Götzen zu dem le-*

Der Islam ist ein reiner Monotheismus, ganz zentral ist die Lehre von dem einen einzigen Gott, *La-ilahe-il-Allah* wie es im Glaubensbekenntnis formuliert ist, d.h. *Es gibt keinen Gott außer dem (einen) Gott!* Etwas neben Gott (erhaben ist Er) zu stellen ist eine große Sünde, dies wird im Koran häufig thematisiert, besonders in Bezug auf die Christen.

Mit gewaltigen und mit einfachen Argumenten wird diese ungeheuerliche Behauptung zurückgewiesen:

Fürwahr, ungläubig sind, die da sagen: «Allah ist kein anderer denn der Messias, Sohn der Maria», während der Messias doch (selbst) gesagt hat: «O ihr Kinder Israels, betet Allah an, meinen Herrn und euren Herrn.» Wer Allah Götter zur Seite stellt, dem hat Allah den Himmel verwehrt, und das Feuer wird seine Wohnstatt sein. Und die Frevler sollen keine Helfer finden. Fürwahr, ungläubig sind, die da sagen: «Allah ist der Dritte von Dreien»; es gibt keinen Gott als den Einigen Gott. Und wenn sie nicht abstehen von dem, was sie sagen, wahrlich, so wird die unter ihnen, die ungläubig bleiben, eine schmerzliche Strafe ereilen. Wollen sie denn sich nicht bekehren zu Allah und Seine Verzeihung erbitten? Und Allah ist allverzeihend, barmherzig. Der Messias, Sohn der Maria, war nur ein Gesandter; gewiß, andere Gesandte sind vor ihm dahingegangen. Und seine

bendigen Gott bekehrt, der den Himmel, die Erde und das Meer geschaffen hat und alles, was dazugehört. Er ließ in den vergangenen Zeiten alle Völker ihre Wege gehen. Und doch hat er sich nicht unbezeugt gelassen: Er tat Gutes, gab euch vom Himmel her Regen und fruchtbare Zeiten; mit Nahrung und mit Freude erfüllte er euer Herz. Doch selbst mit diesen Worten konnten sie die Volksmenge kaum davon abbringen, ihnen zu opfern. Apg 14, 8-18

Wenn selbst die Jünger für Götter in Menschengestalt gehalten wurden, so ist es naheliegend und historisch nachvollziehbar, dass Jesus (a.s.), der mit Gottes Erlaubnis viele Wunder vollbracht hat, nach dem Götterbild dieser Leute für mehr als ein Mensch gehalten wurde.

Mutter war eine Wahrheitsliebende; beide pflegten sie Speise zu sich zu nehmen. Sieh, wie Wir die Zeichen für sie erklären, und sieh, wie sie sich abwenden. Sure 5, 72-75

Und sie sagen: „Der Erbarmer hat sich einen Sohn zugelegt." Wahrlich, ihr behauptet da etwas Ungeheuerliches! Fast möchten die Himmel darüber zerreißen und die Erde sich spalten und die Berge in Trümmer fallen, dass sie dem Erbarmer einen Sohn zuschreiben. Es ist mit dem Erbarmer unvereinbar, sich einen Sohn zu nehmen. Keiner in den Himmeln und auf Erden nähert sich dem Erbarmer anders denn als Diener. Sure 19, 88-93

Durch die Kenntnisse der historisch-kritischen Bibelforschung, wie wir sie im letzten Kapitel erörtert haben, war ich auf diese Sichtweise nicht nur vorbereitet, sondern sie war mein Zugang zum Koran und zum Islam. Es passt einfach zusammen und ist überaus stimmig; und diese Sichtweise stimmt mit dem Monotheismus des Alten Testamentes überein. Im ersten Gebot heißt es: *Ich bin Jahwe, dein Gott, der dich aus Ägypten geführt hat, aus dem Sklavenhaus. Du sollst neben mir keine anderen Götter haben.* Ex 20, 2-3; Dt 5, 6-7

Das Begriff der ‚Dreieinigkeit' oder ‚Trinität' kommt in der Bibel übrigens nicht vor, er ist ein späteres theologisches Konstrukt.[51]

[51] Die Vorstellung der Trinität ist das Ergebnis von jahrhundertelangen Überlegungen, Diskussionen, Lehrstreitigkeiten und Machtkämpfen in der Kirche mit zahlreichen Problematiken. Im zweiten und dritten Jahrhundert verneinte der Monarchianismus noch den Dreifaltigkeitsgedanken, der seiner Meinung nach dem Glauben an den einen Gott widerspricht. Diese Richtung wurde von der Kirche schließlich als häretisch abgelehnt, taucht als unitarische Anschauung allerdings immer wieder in der Geschichte der Theologie auf. Vertreter des Dynamismus wie

Der Übertritt zum Islam war für mich kein Bruch mit dem Christentum und seinen alttestamentlichen Wurzeln, sondern eine echte Bestätigung und notwendige Erneuerung.

Weiter lesen wir im edlen Koran:

Theodot, der 190 nach Rom kam, hatten die Vorstellung, dass das Göttliche an Christus eine ihm in der Taufe verliehene Kraft sei; er wurde exkommuniziert. Noch im vierten Jahrhundert vertritt Arius die Auffassung, dass Gott der Einzige und Unteilbare ist; Christus muss folglich der Schöpfung angehören; er wurde 320 exkommuniziert. Das christologische Problem ist: wie kann Gott zugleich Mensch sein? Nestorius z.B. fragt, wie Gott von Maria geboren sein kann und wendet sich gegen den Begriff ‚theotokos' (Gottesgebärerin) und wird daraufhin beschuldigt, die Gottheit zu leugnen. Im Konzil von Nicäa 325 wurde dann formuliert: ‚Wahrhaftiger Gott vom wahrhaftigen Gott, geboren, nicht geschaffen, mit dem Vater in einerlei Wesen'; wer dies anders sah wurde verdammt. Im vierten Jahrhundert formuliert Athanasius schließlich als erster die Wesenseinheit des Heiligen Geistes mit dem Vater und dem Sohn, wie sie in der Synode von Konstantinopel 381 beschlossen wurde. Auf der Synode von Ephesus 449 wurde beschlossen, Christus habe nach der Menschwerdung nur eine Natur gehabt und seine Menschlichkeit sei nicht von gleichem Wesen wie die unsere gewesen. Dem entgegen wurde schließlich auf der Synode von Chalcedon 451 beschlossen, Jesus Christus sei wahrhafter Gott und wahrhafter Mensch, zwei Naturen ohne Vermischung, geboren von der Jungfrau Maria, der Gottesgebärerin. Die Monophysiten kritisierten an diesem Beschluß, es sei absurd, von zwei Naturen in Christus zu reden und trotzdem nur von einer Person; die armenische, koptische und abessinische Kirche folgt dieser Richtung. Auf der Trullanischen Synode von Konstantinopel 680-81 wurde die Vorstellung angenommen, die göttliche Natur übe die Herrschaft aus und wirke durch die menschliche. (Vgl. Bengt Hägglund: Geschichte der Theologie. München 1983)

O Anhänger des Evangeliums! Überschreitet nicht die Grenzen in euren religiösen Glaubensvorstellungen und sagt über Gott nichts als die Wahrheit. Der Christus Jesus, Sohn der Maria, war nur Gottes Gesandter – Sein Wort, das er Maria übermittelt hatte – und eine von ihm erschaffene Seele. Glaubt denn an Gott und seine Gesandten und sagt nicht: „Trinität". Laßt ab zu eurem eigenen Wohl. Gott ist nur ein Gott; völlig fern ist Er, in Seinem Ruhm, davon, einen Sohn zu haben; Ihm gehört alles, was in den Himmeln ist und alles, was auf Erden ist; und keiner ist so des Vertrauens würdig wie Gott. Sure 4, 171

»Und siehe! Gott sagte: «O Jesus, Sohn der Maria! Hast du zu den Menschen gesagt: "Betet mich und meine Mutter als Gottheiten neben Gott an"?» (Jesus) antwortete: «Grenzenlos bist Du in Deinem Ruhm! Es wäre für mich nicht möglich gewesen zu sagen, wozu ich kein Recht hatte (es zu sagen)! Hätte ich dies gesagt, Du hättest es fürwahr gewußt! Du weißt alles, was in mir selbst ist, während ich nicht weiß, was in Deinem Selbst ist. Wahrlich, Du allein weißt völlig alle Dinge, die jenseits der Reichweite der Wahrnehmung eines erschaffenen Wesens sind. Nichts habe ich ihnen gesagt über das hinaus, was Du mir (zu sagen) geboten hast: "Betet Gott an, (der) mein Erhalter wie auch euer Erhalter (ist)." Und ich habe Zeugnis gegeben über das, was sie taten, solange ich in ihrer Mitte weilte; aber seit Du mich hast sterben lassen, bist Du allein ihr Wächter gewesen: denn Du bist Zeuge über alles. Wenn Du sie leiden läßt – wahrlich, sie sind Deine Diener; und wenn Du ihnen vergibst - wahrlich, Du allein bist allmächtig, wahrhaft weise!« Sure 5, 116-118

Es ist nicht vorstellbar, daß ein Mensch, dem Gott Offenbarung und gesundes Urteilsvermögen und Prophetentum gewährt hat, danach zu den Leuten gesagt haben sollte:"Betet mich an neben Gott"; sondern vielmehr (hat er sie ermahnt): „Werdet Männer Gottes durch Verbreitung des Wissens von der göttlichen Schrift und durch euer eigenes tiefes Studium (davon)." Sure 3, 79

Kreuzigung und Tod

So wundersam und rätselhaft wie seine Empfängnis erscheinen auch Jesus vermeintliche Kreuzigung und sein Tod.

Im Koran steht geschrieben:

Siehe! Gott sagte: «O Jesus, wahrlich, Ich werde dich sterben lassen und werde dich zu Mir erhöhen, und dich reinigen von (der Gegenwart von) jenen, die darauf aus sind, die Wahrheit zu leugnen. Sure 3, 55

Und an anderer Stelle:

Und ihre (d.h. der Juden) Prahlerei: «Siehe, wir haben den Christus Jesus, Sohn der Maria, getötet, (der) ein Gesandter Gottes (zu sein behauptete)!» Doch sie haben ihn nicht getötet, und sie haben ihn auch nicht gekreuzigt, sondern es schien ihnen nur (als ob es) so (gewesen wäre); und wahrlich, die widersprüchliche Ansichten darüber haben, sind fürwahr verwirrt, haben kein (wirkliches) Wissen davon und folgen bloßer Mutmaßung. Denn sie haben ihn mit Gewißheit nicht getötet: nein, Gott hat ihn zu sich erhöht – und Gott ist fürwahr allmächtig, weise. Sure 4, 157-158 [52]

Die Koranstelle über die Kreuzigung wird unterschiedlich ausgelegt, einige Kommentatoren mutmaßen, ein anderer sei an Stelle Jesu gekreuzigt worden, z.B. einer der Jünger (Substitutionstheorie). Eine andere Theorie ist die Ohnmachtstheorie, die auch von prominenten christlichen Theologen des 18. und 19. Jahrhundert

---

[52] Nach dem Neuen Testament wird Jesus gekreuzigt. Sein Leichnam wird in ein Tuch gehüllt und in ein Felsengrab gelegt. Drei Tage später finden Frauen, die nach dem Grab sehen, dieses leer. Jesus erscheint danach den Frauen und einigen Jüngern und wird dann in den Himmel aufgenommen.

vertreten wurde, z.B. von Schleiermacher. Zum Teil wird auch die Meinung vertreten, dass Jesus lebend zu Gott erhöht wurde.

Frohe Botschaft

Eine Aufgabe von Jesus nach dem Koran war die Ankündigung des Propheten Muhammad. Dies wird im folgenden Koranvers als ‚Frohe Botschaft' bezeichnet, eine Bezeichnung, die auch für das Neue Testament[53] geläufig ist.

Und (dies geschah auch) als Jesus, Sohn der Maria, sagte: «O Kinder Israels! Siehe, ich bin ein Gesandter Gottes zu euch, (gesandt) die Wahrheit dessen, was immer von der Torah noch erhalten ist, zu bestätigen und (euch) die frohe Kunde eines Gesandten zu geben, der nach mir kommen wird, dessen Name Ahmad sein wird.» Sure 61, 6

[53] Evangelium, gr.-lat. gute Botschaft.

Muhammad in der Bibel

David Benjamin Keldani (1867-1940) war Lehrer, Übersetzer und Priester der chaldäisch-katholischen Kirche. Im Alter von 38 Jahren nahm er den Islam an. Mit seinen hervorragenden Sprachkenntnissen hat er zahlreiche Stellen in der Bibel analysiert und ist zu erstaunlichen Ergebnissen gekommen. Er zeigt, dass im Alten wie im Neuen Testament Muhammad (a.s.) und der Islam ankündigt werden. Manche Stellen sind so klar, dass es erstaunt, dass diese von anderen Theologen nicht auch in diesem Sinne verstanden werden. Andere Stellen werden erst durch seine Analyse verständlich.

Allah (t) der eine einzige Gott

Benjamin schreibt hierzu: „Es wäre ganz einfach verschwendete Zeit, hier jene widerlegen zu wollen, die fälschlich oder böswillig unterstellen, daß Allah im Islam nicht der wahre Gott sei, sondern nur eine erfundene Gottheit nach Muhammads eigenen Vorstellungen.[54] Würden die christlichen Priester und Theologen ihre

---

[54]Auch heute noch begegnen uns solchen Äußerungen, sogar von Seiten, von denen ich es nicht erwartet hätte. In ‚Klarheit und gute Nachbarschaft. Christen und Muslime in Deutschland', einer Handreichung zum Verhältnis der Evangelischen Kirche zu Muslimen aus dem Jahr 2006 steht folgendes: „Woran der Mensch sein ‚Herz hängt', das ist sein Gott (vgl. Martin Luther …). Ihr Herz werden Christen jedoch schwerlich an einen Gott hängen können, wie ihn der Koran beschreibt und wie ihn Muslime verehren". Es ist erfreulich, dass nicht nur Muslime sich an einer derartigen Darstellung stoßen. J. Triebel, Professor für Missions- und Religionswissenschaft, weist in einem Beitrag darauf hin, dass diese Aussage theologisch nicht nur fragwürdig, sondern falsch sei. „Denn

Schriften im hebräischen Original kennen statt in Übersetzungen, so wie die Muslime ihren Koran in seinem arabischen Text lesen, dann stellten sie auch einwandfrei fest, daß Allah derselbe alte semitische Name für das höchste Wesen ist, das zu Adam und allen Propheten Offenbarungen gesandt und gesprochen hat. Allah ist das einzige selbstexistierende, allwissende und allmächtige Wesen. Er erfaßt und füllt jeden Raum aus, alles Leben und alle Materie; Er ist die Quelle allen Lebens, Wissens und aller Macht. Allah ist der einzige Schöpfer, Lenker und Herrscher des Universums. Er ist der absolut Eine."[55]

konsequenterweise hieße dies, dass der ‚Gott des Islam' nicht der Gott der Christen und damit nicht der Eine Gott und somit nur ein Abgott, ein Götze, ein falscher Gott sei." (Jürgen Micksch (Hg): Evangelisch aus fundamentalem Grund. Wie sich die EKD gegen den Islam profiliert. Frankfurt 2007, S. 138).
Im Jahr 2000 hieß es übrigens in einer Handreichung des Rates der Evangelischen Kirche in Deutschland noch folgendermaßen: "Im Bekenntnis zum dreieinen Gott bekennen wir Christen ebenso nachdrücklich und eindeutig wie Muslime: 'Es gibt keinen Gott außer Gott' – außer dem einen, einzigen, wahren Gott. Es ist beachtenswert, dass das arabische Wort ‚Allah' kein anderer Gottesname ist, sondern einfach ‚Gott' bedeutet. Arabisch sprechende Christen übersetzen daher die biblische Gottesbezeichnung mit ‚Allah' und gebrauchen das Wort im Alltag wie in der Literatur. Im südostasiatischen Umfeld z.B. verwenden viele Christen das Wort ‚Allah' bewusst, um sich gegen ein polytheistisches und sonst unbiblisches Gottesverständnis abzugrenzen." (Zusammenleben mit Muslimen in Deutschland. Gestaltung der christlichen Begegnung mit Muslimen. Gütersloh 2000, S. 25)
Der Rat der protestantischen Kirchen in Malaysia trat deshalb dafür ein, Gott weiterhin ‚Allah' nennen zu dürfen, nachdem der Sultan von Selangor dies Nichtmuslimen verboten hatte. Im Rechtsstreit zwischen Kirche und Staat wurde 2009 ein Urteil gesprochen, in der Bibel darf danach weiterhin das Wort ‚Allah' für Gott gebraucht werden.

[55] David Benjamin: Muhammad in der Bibel. München 1994, S. 22.

,Allah', grammatikalisch von arabisch `ilahun ,Gott' in Verbindung mit dem Artikel ,al' (die erste Silbe wird dabei elidiert) heißt *Der (eine) Gott*. Allah wird auch von christlichen Arabern verwendet, im Aramäischen sagt man Alah bzw. Alaha. Als älteste Gottesbezeichnung finden wir in der hebräischen Bibel ,Elohim'. Die Begriffe Gott, Allah und Elohim sind im Deutschen, Arabischen und Hebräischen synonym und werden von mir auch so gebraucht.

Im Alten Testament wird Muhammad angekündigt

Einen Propheten wie dich will ich ihnen mitten unter ihren Brüdern erstehen lassen. Ich will ihm meine Worte in den Mund legen, und er wird ihnen alles sagen, was ich ihm auftrage.
Dt.18, 18 [56]

Wer könnte dieser Prophet sein? Wenn wir die einzelnen Punkte analysieren, kommen wir zu einem eindeutigen Ergebnis.

Wer sind die Brüder der Juden? Isaak als der Stammvater der Juden und Ismael als der Stammvater der Araber waren Brüder, Söhne von Abraham. Es ist von daher naheliegend, dass mit den Brüdern der Juden die Araber gemeint sind.

Zur Zeit von Jesu haben die Juden noch auf diesen Propheten gewartet: *Als die Juden von Jerusalem aus Priester und Leviten zu ihm sandten mit der Frage: Wer bist du?, bekannte er und leugnete nicht; er bekannte: Ich bin nicht der Messias. Sie fragten ihn: Was bist du dann?*

---

[56] Zwei ähnlich lautende Stellen stehen hintereinander: „Einen Propheten wie mich wird dir der Herr, dein Gott, aus deiner Mitte, unter deinen Brüdern, erstehen lassen. Auf ihn sollt ihr hören." Dt.18, 15

Bist du Elija? Und er sagte: Ich bin es nicht. Bist du der Prophet? Er antwortete: Nein. Joh 1, 19-21

In meiner Bibelausgabe wird an dieser Stelle auf 5.Mose 18, 15 bzw. 18, 18 verwiesen.

„Einen Propheten wie dich", d.h. wie Moses, haben Christen auch auf Jesus bezogen, obwohl dies in der zitierten Bibelstelle von Jesus verneint wird.

Der durch seine interreligiösen Debatten bekannte Muslim Deedat[57] erzählt von einer Diskussion mit dem Priester Van Heerden über diese Bibelstelle. Der christliche Theologe vertritt dabei auch die Meinung, dass sich die Bibelstelle Deut 18,18 auf Jesus beziehe. Gefragt nach den Gemeinsamkeiten von Moses und Jesus (*„einen Propheten wie dich"*) fallen ihm allerdings nur zwei ein: beide seien Juden und Propheten gewesen. Deedat zählt daraufhin eine Reihe von Gemeinsamkeiten von Moses und Muhammad auf[58]: Beide hatten einen Vater und eine Mutter, waren verheiratet und hatten Kinder, wurden zu Lebzeiten als Propheten anerkannt, waren weltliche Herrscher, brachten ihrem Volk Gesetze, starben eines natürlichen Todes und wurden beerdigt.[59] Diese

---

[57] Ahmet H. Deedat (1918-2005)

[58] Zunächst weist Deedat darauf hin, dass diese beiden Gemeinsamkeiten von sehr vielen biblischen Propheten erfüllt werden. Außerdem sei Moses weder Gott, noch für die Sünden der Welt gestorben noch drei Tage in der Hölle gewesen und daher nach christlichem Glauben auch nicht wie Jesus.

[59] Der Vortrag liegt mir als Video-Kassette in englischer Sprache vor: 'What the BIBLE says about MUHAMMAD', herausgegeben vom Islamic Propagation Centre in Birmingham, UK. Bei meiner Aufzählung habe ich die Argumente von Deedat übersetzt und gekürzt. Den gesamten Text findet man auch im Internet unter: http://www.kalamullah.com/

Gemeinsamkeiten werden zwar populistisch vorgetragen, sind aber überzeugend einfach und machen deutlich, dass es sich bei dem Bezug dieser Bibelstelle auf Jesus um ein Beispiel der Vereinnahmung des Alten Testamentes durch Christen handelt.

Auch die Art der Offenbarung *„ich werde meine Worte in seinen Mund legen"* weist auf die Offenbarung des Korans hin, der durch den Engel Gabriel überbracht wurde.[60]

Die Frage nach der Identität dieses Propheten lässt sich nach dieser Analyse eindeutig und alternativlos beantworten. Ein Prophet wie Moses, der zu den Brüdern der Juden geschickt wurde und dem Gottes Worte in den Mund gelegt wurden, kann nur der arabische Prophet Muhammad (a.s.) sein.

Books/Deedat/What%20The%20Bible%20Says%20About%20Muhamma d%20%7Bdeedat%7D

[60] In einem authentischen Hadith beschreibt der Prophet Muhammad, wie die Offenbarung zu ihm kommt: „Manchmal kommt sie zu mir wie der Klang einer Glocke, und dies ist für mich die schwerste Art; er (Gabriel) verläßt mich dann, wenn ich alles, was er sagte, in meinem Gedächtnis bewahrt habe. Manchmal erscheint der Engel vor mir in der Gestalt eines Mannes und er spricht zu mir, und ich bewahre in meinem Gedächtnis, was er sagt." (Auszüge aus Sahih Al-Buharyy, Arcelmedia-Verlag, Hadith Nr. 0002)

Auch folgende Formulierung im Neuen Testament erinnert an die Offenbarung des Koran: *Wenn aber jener kommt, der Geist der Wahrheit, wird er euch in die ganze Wahrheit führen. Denn er wird nicht aus sich selbst heraus reden, sondern er wird sagen, was er hört, und euch verkünden, was kommen wird.* Joh 16,13

Der Heilige Geist ist nach islamischem Verständnis der Engel Gabriel.

Der Paraklet

Auch im Neuen Testament wird Muhammad angekündigt.[61]

Im Johannesevangelium finden wir das Wort Paraklet, das üblicherweise mit Tröster oder Beistand übersetzt wird: „Der Beistand aber, der Heilige Geist, den der Vater in meinem Namen senden wird, der wird euch alles lehren und euch an alles erinnern, was ich euch gesagt habe." Joh 14, 26

Um die ursprüngliche Bedeutung dieses Wortes herauszufinden muss man die Frage stellen, welchen Ausdruck Jesus auf Aramäisch, der Sprache Jesu und seiner Jünger, gebrauchte. Benjamin schreibt hierzu:

„Der ‚Paraklet' bedeutet weder ‚Tröster' noch ‚Fürsprecher'; in Wirklichkeit handelt es sich überhaupt nicht um ein altsprachliches Wort. Die griechische Orthographie des Wortes ist ‚Paraclytos', woraus in der Kirchen-Literatur die Bedeutung ‚jemand, der zu Hilfe, Fürsprache und Fürbitte gerufen wird' (‚Dict. Grec.-Francais' von Alexandre'). Man muß nicht nachweisen, ein Gelehrter des Griechischen zu sein, um zu wissen, daß das griechi-

---

[61] Bei den frühen Christen muss es noch andere Quellen gegeben haben. Z.B. erzählte Salman al-Farisyy, dass ihm ein Bischoff mitgeteilt habe, „dass ein Prophet im Land der Araber mit der wahren Religion Abrahams entsandt worden sei. Er beschrieb mir den neuen Propheten als den Mann, der seine Heimat verlässt und sich an einen Ort begibt, wo reichlich Dattelpalmen wachsen. Er sagte: ‚Wenn es dir möglich ist, zu ihm zu gehen, dann tue es. Er nimmt keine Almosen, jedoch Geschenke an, und zwischen seinen Schultern gibt es das Siegel des Prophetentums.'" (Zitierte nach ‚Salman Al-Farisyy' von Assad Rassoul, Köln 2000, S.13f). Salman lebte zur Zeit des Propheten Muhammad, stammte aus Persien und war von der zoroastrischen Religion zum Christentum konvertiert. Nach diesem Hinweis suchte und fand er den Propheten Muhammad und wurde Muslim.

sche Wort für ‚Tröster' nicht ‚Paraclytos', sondern ‚Paracalon' ist."[62]

Benjamin nimmt an, dass es sich um eine verfälschte Form von Periqlytos handelt und führt weiter aus:

„Etymologisch und wortwörtlich bedeutet Periqlytos ‚der am meisten Berühmte, Namhafte, und Lobenswürdige'. Als Quelle führe ich Alexandre's ‚Dictionnaire Grec-Francais' an: =Periqlytos, ‚Qu'on peut entendre de tous les coté's; qu'il est facil à entendre. Tres célèbre,' etc.; =Pericleitos, très célèbre, illustre, glorieux, ‚von =Kleos, glorire, renomée, célèbrité.' Dieses zusammengesetzte Substantiv besteht aus dem Präfix ‚peri' und aus ‚kleotis', wobei letzteres von ‚lobpreisen, rühmen' abgeleitet ist. Das Substantiv, das ich in lateinischen Buchstaben mit Periqleitos oder Periglytos wiedergebe, bedeutet ganz dasselbe, was AHMAD im Arabischen bedeutet, nämlich der Berühmteste, Gepriesene und Namhafte. Die einzige Schwierigkeit, dies zu lösen, und zu bewältigen, liegt darin, den semitischen Originalnamen herauszufinden, den Jesus entweder in Hebräisch oder Aramäisch benutzt hat.

Die syrische Pshitta schreibt zwar ‚Paraqleita', gibt aber noch nicht einmal im Glossar die Bedeutung dieses Wortes an. Die Vulgata übersetzt jedoch mit ‚Tröster'. Wenn ich mich nicht irre, muß die arabische Form ‚Mhamda' bzw. ‚Hamida' gewesen sein, um dem arabischen ‚Muhammad' bzw. ‚Ahmad' und dem griechischen ‚Periqlyte' zu entsprechen."[63]

Mehrere frühchristliche Sekten wie etwa die Manichäer sahen im ‚Parakleten' übrigens auch eine menschliche Figur, Bultmann sieht im Parakleten die gnostische Gestalt des Helfers.

[62] David Benjamin: Muhammad in der Bibel. München 1994, S. 185.
[63] Ebd., S. 190.

Der Menschensohn

Der Begriff ‚Menschensohn' kommt häufig in der Bibel vor, er kann einfach nur ‚Mensch' bedeuten, an manchen Stellen ist eine bestimmte Person gemeint. Im Kontext der Aussendung der Jünger durch Jesus steht z.b. geschrieben: *Amen, ich sage euch: Ihr werdet nicht zu Ende kommen mit den Städten Israels, bis der Menschensohn kommt.* Mt 10, 23

Dass Jesus damit sich selbst gemeint haben soll, klingt mehr als unwahrscheinlich. Benjamin schreibt folgendes:

„Alle Kirchen und Exegeten werden einem ohne Ausnahme erzählen, daß ‚der Sohn Gottes' den Namen ‚Sohn der Menschen' bzw. ‚der Barnasha' aus Bescheidenheit und Demut angenommen habe; dabei nehmen sie überhaupt nicht zur Kenntnis, daß die jüdischen apokalyptischen Schriften, an die Jesus mit Herz und Seele glaubte, **nicht** einen ‚Sohn des Menschen', der demütig und bescheiden sein würde und nichts haben würde, wo er sein Haupt niederlegen könnte, und den Händen von Übeltätern ausgeliefert und getötet werden würde, prophezeiten, **sondern** einen starken Mann mit gewaltiger Kraft und Macht, um die Raubtiere und wilden Bestien, die seine Schafe und Lämmer zerreißen und verschlingen würden, zu vernichten und zu versprengen! Die Juden, die Jesus vom Menschensohn reden hörten, verstanden sehr gut, auf **wen** er anspielte. Jesus erfand nicht den Namen ‚Barnasha', sondern entnahm ihn den jüdischen apokalyptischen Schriften: dem Buch Henoch, den Sibyllinischen Büchern, der Himmelfahrt Mose, dem Buch Daniel usw."[64]

„Eine kritische Untersuchung des Beinamens ‚Sohn des Menschen', der dem Meister dreiundachzigmal in den Mund gelegt ist, wird und muß zur einzigen Schlußfolgerung führen, daß er ihn sich selbst niemals aneignete; und tatsächlich benutzt er diesen

---

[64] Ebd., S. 198f.

Titel oft in der dritten Person. Einige Beispiele werden genügen, um uns zu überzeugen, daß Jesus diesen Beinamen für jemand anderen verwendete, der in der Zukunft erscheinen sollte."[65]

„Die Sibyllinische Offenbarung, die nach dem letzten, durch die römischen Armeen bewirkten Zusammenbruch Jerusalems verfaßt worden war, berichtet, daß der ‚Menschensohn' erscheinen und das römische Imperium zerstören und die, die an den Einen Gott glauben, errettet wird. Dieses Buch wurde mindestens achtzig Jahre nach Christus geschrieben."[66]

„Jesus wußte besser als sonst irgendjemand in Israel, **wer** der ‚Sohn des Menschen' war und worin seine Mission bestand. Die ‚Offenbarung des Baruch' und die des Esra – das vierte Buch des Esra in der Vulgata – sprechen vom Erscheinen ‚des Menschensohnes', der das mächtige Reich des Friedens auf den Ruinen des römischen Imperiums aufbauen wird."[67]

„In den meisten zusammenhängenden und wichtigen Passagen in den Reden Jesu, in denen der Name ‚Barnasha' – oder ‚der Sohn des Menschen' – auftaucht, ist einzig und allein Muhammad gemeint, und nur durch ihn ist die darin enthaltenen Prophezeiung Buchstabe für Buchstabe erfüllt".[68]

Noch ein Detail weist nach Benjamin auf Muhammad hin: „‚Des Menschen Sohn' wird von Jesus ‚der Herr über den Sabbat-Tag' genannt. Dies ist in der Tat höchst bemerkenswert. Die Heiligkeit des siebenten Tages ist ein Hauptthema des mosaischen Gesetzes."[69] „Es ist vollkommen klar, daß Jesus Christus kein Sabbat-Anhänger war und sich nicht an die wortwörtliche Interpreta-

---

[65] Ebd., S. 205.
[66] Ebd., S. 202.
[67] Ebd., S. 204.
[68] Ebd., S. 208f.
[69] Ebd., S. 213.

tion der drakonischen Verordnungen hinsichtlich des Sabbats hielt. Er wollte Barmherzigkeit bzw. Handlungen der Güte und nicht Opfer. Dennoch dachte er nie daran, den Sabbat abzuschaffen; dies zu tun hätte er sich auch gar nicht erlauben können."[70]

„Die Aufhebung des Sabbat durch den Prinzen der Propheten Muhammad wird in der 62. Sure des Koran, betitelt mit ‚al-Dschum'a' bzw. ‚die Versammlung', hingewiesen.[71] [...] Die Gläubigen werden aufgerufen, am Gebet gemeinsam in einem Haus teilzunehmen, das der Anbetung Gottes geweiht ist, und zu diesem Zeitpunkt jede lukrative Arbeit zu unterlassen! Wenn das Gemeinschaftsgebet jedoch beendet ist, ist es ihnen erlaubt, ihren gewöhnlichen Beschäftigungen nachzugehen."[72]

---

[70] Ebd., S. 214.
[71] Sure 62, 9-10: O ihr, die ihr Glauben erlangt habt! Wenn am Tag der Gemeindeversammlung der Ruf zum Gebet ertönt, eilt zum Gedenken Gottes und laßt allen weltlichen Handel: dies ist zu eurem eigenen Wohl, wenn ihr es nur wüßtet. Und wenn das Gebet beendet ist, zerstreut euch freizügig auf Erden und (sucht) etwas von Gottes Huld zu erlangen; aber gedenkt Gottes oft, auf dass ihr einen glückseligen Zustand erlangen möget!
[72] David Benjamin: Muhammad in der Bibel. München 1994, S. 216.

Das ‚Friedensreich'

Das Wort mit den Konsonanten ‚slm'[73] kommt an verschiedenen Stellen in der Bibel vor. Es kann mit Salam (Frieden) oder auch Islam übersetzt werden. Benjamin zeigt, dass ‚Islam' in einigen Fällen eine höchst treffende Übersetzung ist. Mit Benjamin können wir feststellen, dass manche Stellen der Bibel erst mit dem Koran verständlich werden: „Wie ich schon mehrmals auf den vorangegangenen Seiten erwähnte, können wir diese verfälschten Schriften nur dann verstehen, wenn wir mit Hilfe des Lichtes vom Koran in ihre rätselhaften und sich wiedersprechenden Äußerungen eindringen; und nur dann können wir sie mit dem Sieb der Wahrheitsliebe sorgfältig überprüfen und die echten von den gefälschten trennen."[74]

Die Engel singen im Lukasevangelium 2, 14 folgenden Choral: *Ehre sei Gott in der Höhe, und Friede auf Erden, und den Menschen ein Wohlgefallen.* „Wie alles andere im Neuen Testament liegt uns auch dieser Choral nicht in der ursprünglichen Sprache, in der er gesungen wurde, vor, sondern nur in der griechischen Fassung."[75]

„Christus und seine Jünger verkündeten das Gottesreich. ...Zwanzig Jahrhunderte lang haben die Christen aller Konfessionen und Glaubensschattierungen dieses Bittgebet ‚Dein Reich komme!'[76] gesprochen [...]."[77]

---

[73] Das Hebräische wie das Arabische ist eine Konsonantenschrift.
[74] David Benjamin: Muhammad in der Bibel. München 1994, S. 215.
[75] Ebd.
[76] Das ganze Gebet, das *Vater Unser* wie ich es gelernt habe: Vater unser im Himmel, geheiligt werde Dein Name, Dein Reich komme, Dein Wille geschehe, wie im Himmel so auf Erden. Unser tägliches Brot gib uns heute. Und vergib uns unsere Schuld, wie auch wir vergeben unseren Schuldigern. Und führe uns nicht in Versuchung, sondern erlöse uns von dem Bösen. Denn Dein ist das Reich, und die Kraft, und die Herrlichkeit, in Ewigkeit, Amen.

> Es war weder ein sozialer noch politischer Friede für das Volk Israel; denn der Geschichtsverlauf der letzten zwanzig Jahrhunderte beweist genau das Gegenteil. Denn die Engel konnten keinen Frieden besingen und verkünden, der nie realisiert oder erreicht werden würde. Somit sind wir angesichts der späteren historischen Tatsachen einerseits und durch die Bedeutung des Ereignisses andererseits, an dem diese bemerkenswerte Ankündigung sich vollzog, gezwungen, die Schlußfolgerung zu ziehen, daß dieser ‚Friede auf Erden' nichts anderes war als die bevorstehende Etablierung des Reichs Gottes auf Erden, nämlich der Islam. Das griechische Wort ‚eiriny' steht für das semitische ‚shalom', ‚shlama' und ‚islam'. Nichts weiter!
>
> David Benjamin, Muhammad in der Bibel

Schauen wir uns folgende Stelle mit ihren Übersetzungs- und Deutungsmöglichkeiten an, zunächst in der Einheitsübersetzung:

Denn so spricht der Herr der Heere: Nur noch kurze Zeit, dann lasse ich den Himmel und die Erde, das Meer und das Festland, erbeben, und ich lasse alle Völker erzittern. Dann strömen die Schätze aller Völker herbei, und ich erfülle dieses Haus mit Herrlichkeit, spricht der Herr der Heere. Mir gehört das Silber und mir das Gold – Spruch des Herrn der Heere. An diesem Ort schenke ich die Fülle des Friedens – Spruch des Herrn der Heere. Haggai 2, 6-9

Bei ‚Schätze' steht im Kommentar wörtlich: das was kostbar ist', ‚das, was man ersehnt', in der Vulgata, der lateinischen Bibelübersetzung, wurde diese Stelle wie folgt wiedergegeben: 'kommen

---

[77] David Benjamin: Muhammad in der Bibel. München 1994, S. 113.

wird der von allen Völkern ersehnte'[78]. ‚Himada', der Ersehnte, mit der Konsonantenwurzel ‚HMD' wäre arabisch Ahmad. Das Wort Frieden, ‚shalom' hat die gleiche Wurzel wie ‚Islam', beide bedeuten Frieden, Unterwerfung und sich Ergeben. In dieser Bibelstelle finden wir folglich den Namen des letzten Propheten und seiner Religion.[79]

Schauen wir uns die Bibelstelle Dt 33, 2 an:
Der Herr kam hervor aus dem Sinai,
er leuchtete vor ihnen auf aus Seir,
er strahlte aus dem Gebirge Paran,
er trat heraus aus Tausenden von Heiligen.[80]
Ihm zur Rechten flammte vor ihnen das Feuer des Gesetzes.

Im Kommentar der Neuen Jerusalemer Bibel steht, dies sei ein schwieriger Vers mit altertümlichem Vokabular. Sinai ist klar, dort hat Moses die Zehn Gebote erhalten. Aber das Gebirge Paran

---

[78] Einzig der Prophet Muhammad wurde für die ganze Menschheit geschickt.

[79] ‚Islam' bedeutet Hingabe an Gott, d.h., mit Ihm und unter den Menschen „Frieden zu haben". Nach islamischem Verständnis waren alle Propheten Muslime im eigentlichen Sinne des Wortes.

[80] Der Satz „Er trat heraus aus Tausenden von Heiligen" wird, wie in meinem Bibelkommentar erwähnt, von der Jerusalemer Bible de Jérusalem nach der Septuaginta (griechische Übersetzung) wie folgt übersetzt: „er kam mit Tausenden von Kadesch", mit dem Hinweis, ‚d.h. mit den versammelten Stämmen'. Als Muslim denke ich dabei an die überwiegend friedliche Eroberung von Mekka im Jahre 8 der Hidschra (630 n.Chr.) mit einer 10 000 Mann starken Armee. Martin Luther übersetzt wie folgt: „ist gekommen mit viel tausend Heiligen; zu seiner rechten Hand ist ein feuriges Gesetz an sie" (Die Bibel oder die ganze Heilige Schrift des Alten und Neuen Testaments nach der deutschen Übersetzung D. Martin Luthers, neu durchgesehen nach dem vom Deutschen Evangelischen Kirchenausschuß genehmigten Text, Stuttgart 1954).

(oder Pharan), wer kennt dieses? Es gibt noch eine andere Stelle in der Bibel, in der Paran vorkommt, sodass wir nicht auf Mutmaßungen angewiesen sind. Abraham hat dort seinen Sohn Ismail[81]

[81] Ismael ist der erstgeborene Sohn Abrahams, nach islamischem Verständnis war er es auch, der geopfert werden sollte. Im erhabenen Koran steht folgendes: (Und er betete:) "O mein Erhalter! Erteile mir das Geschenk (eines Sohnes, der) einer der Rechtschaffenen (sein wird)!" – woraufhin Wir ihm die frohe Kunde von einem Jungen sanft (wie er selbst) gaben. Und (eines Tages,) als (das Kind) alt genug war, an seines Vaters Bemühungen teilzuhaben, sagte letzterer: „O mein lieber Sohn! Ich habe in einem Traum gesehen, daß ich dich opfern sollte: betrachte denn, was deine Ansicht sein würde!" (Ismael) antwortete:"O mein Vater! Tu, wie dir geboten ist: du wirst mich, wenn Gott es so will, unter jenen finden, die geduldig in Widrigkeit sind!" Aber sobald die beiden sich ergeben hatten (dem, was sie dachten, es sei) der Wille Gottes, und (Abraham) ihn auf sein Gesicht niedergelegt hatte, riefen Wir zu ihm aus: "O Abraham, du hast schon (den Zweck) jenes Traumgesichts erfüllt!" Wahrlich, also belohnen Wir die, die Gutes tun: denn siehe, all dies war fürwahr eine Prüfung, klar in sich selbst. Und Wir lösten ihn mit einem gewaltigen Opfer, und ließen unter späteren Generationen also seiner gedenken: „Frieden sei auf Abraham!" Also belohnen Wir die, die Gutes tun – denn er war wahrhaft einer Unserer gläubigen Diener. Und (beizeiten) gaben Wir ihm die frohe Kunde von Isaak, (der auch) ein Prophet (sein würde), einer der Rechtschaffenen; und Wir segneten ihn und Isaak: aber unter den Nachkommen dieser beiden war (bestimmt, daß) sowohl die seien, die Gutes tun, wie auch solche, die schamlos gegen sich selbst sündigen würden. Sure 37, 100-113
Beim islamischen Opferfest erinnern wir uns an diese gewaltige Prüfung.
Im Alten Testament steht folgendes: *Gott sprach: Nimm deinen Sohn, deinen einzigen, den du liebst, Isaak, geh in das Land Morija und bring ihn dort auf einem der Berge, den ich dir nenne, als Brandopfer dar.* Gen 22, 2
Der Text spricht von einem Land Morija, dessen Name nach dem Kommentar der Jerusalemer Bibel sonst nirgends vorkomme; der Ort des Opfers bleibe unbekannt.

und dessen Mutter angesiedelt, oder nach dem Wortlaut des Alten Testaments in die Wüste geschickt. In der Bibel heißt es:

*Am Morgen stand Abraham auf, nahm Brot und einen Schlauch mit Wasser, übergab beides Hagar, legte ihr beides auf die Schulter, übergab ihr das Kind und entließ sie. Sie zog fort und irrte in der Wüste Beerscheba umher. Als das Wasser im Schlauch zu Ende war, warf sie (Hagar) das Kind unter einen Strauch, ging weg und setzte sich in der Nähe hin, etwa einen Bogenschuß weit entfernt; denn sie sagte: Ich kann nicht mit ansehen, wie das Kind stirbt. Sie saß in der Nähe und weinte laut. Gott hörte den Knaben schreien; da rief der Engel Gottes vom Himmel her Hagar zu und sprach: Was hast du Hagar? Fürchte dich nicht. Gott hat den Knaben dort schreien gehört, wo er liegt. Steh auf, nimm den Knaben, und halt ihn fest an deiner Hand; denn zu einem großen Volk will ich ihn machen. Gott öffnete ihr die Augen, und sie erblickte einen Brunnen. Sie ging hin, füllte den Schlauch mit Wasser und gab dem Knaben zu trinken. Gott war mit dem Knaben. Er wuchs heran, ließ sich in der Wüste nieder und wurde ein Bogenschütze. Er ließ sich in der Wüste **Paran** nieder, und seine Mutter nahm ihm eine Frau aus Ägypten.* Gen 21, 14-21

Diese Prüfung ist nur stimmig mit dem einzigen, erstgeborenen Sohn; offenbar ist der Name ‚Isaak' in der Bibelstelle eingeschoben und es scheint sich um eine absichtliche Verfälschung der Schrift zu handeln. Auf derartiges wird im Koran wiederholt hingewiesen, z.B. in folgender an die Kinder Israels gerichteten Stelle: **Wehe denn jenen, die mit ihren eigenen Händen niederschreiben (etwas, von dem sie behaupten, es sei) göttliche Schrift, und dann sagen: ‚Dies ist von Gott', um dadurch einen belanglosen Gewinn zu erwerben.** Sure 2, 79

Die Juden beziehen den Bund vor allem auf sich, d.h. die Nachkommen Isaaks, was sicher nicht richtig ist. *An diesem Tag schloß der Herr mit Abram folgenden Bund: Deinen Nachkommen gebe ich dieses Land vom Grenzbach Ägyptens bis zum großen Strom, dem Euphrat.* Gen 15, 18

Benjamin bemerkt zu Recht: „Die genannten Gebiete sind aber nie von den Nachkommen Isaaks, sondern von denen Ismaels unterworfen worden". (S. 38)

Abraham und sein Sohn Ismail haben im Mekka die Kaaba erbaut, der ‚Brunnen' ist danach die Quelle Zamzam, von der heute noch die Pilger trinken. Für einen Muslim ist klar, was aus Paran strahlt, ist doch der Prophet Muhammad dort geboren und ihm der Koran offenbart worden.

David Benjamin weist noch auf andere interessante Zusammenhänge hin, z.B. „auf die Anbetung Gottes an einem für diesen Zweck geweihten Stein"[82], einer alten hebräischen Tradition, die an den schwarzen Stein und der Kaba in Mekka erinnert. „Abraham pflegte während seiner Besuche an verschiedenen Orten und bei bestimmten Anlässen einen Altar für Gottesdienste und Opfer zu errichten. Als Jakob auf dem Weg nach Padan Aram war und die Vision der wundersamen Leiter hatte, errichtete er an jenem Platz einen Stein, den er mit Öl begoß und ‚Bethel' nannte, was ‚das Haus Gottes' bedeutet; und zwanzig Jahre später besuchte er diesen Stein wieder und goß Öl und ‚reinen Wein' über ihn, wie in der Genesis im 28. Kapitel, Verse 10-22, und im 35. Kapitel berichtet wird."[83]

[82] David Benjamin: Muhammad in der Bibel. München 1994, S. 44.
[83] Ebd., S. 45.

Der Sohn des Menschen gründet das Reich des Friedens, die Hauptstadt, die nicht mehr das alte Jerusalem ist, sondern das neue Jerusalem – das ,daru-s-salam', die ,Stadt' bzw. der ,Hof des Friedens'. Der Sophi oder Seher erzählt in dieser wunderbaren Vision, wie das weltliche Jerusalem emporgehoben und in ein südliches Land verlegt wird; auf den Ruinen des alten Gebäudes wird jedoch ein neuer Tempel, breiter und höher als der erste errichtet! Wie wundervoll wurde dies alles durch den erhabensten und heiligen Diener Muhammad vollbracht! Das neue Jerusalem ist nichts anderes als Mekka, denn es liegt in einem südlichen Land, und seine beiden Hügel ,Marwa' und ,Safa' tragen die gleichen Namen wie jene von Moriah und Zion, aus derselben Wortwurzel und mit derselben Bedeutung, aber vom Ursprung her früher. […] Aus diesem Grund wurde Mekka als Sitz der heiligen Ka'ba zur ,Qibla' bestimmt – der Richtung, in die die Muslime ihr Gesicht beim Gebet wenden. Hier kommen jedes Jahr Abertausende von Pilgern aus allen muslimischen Ländern zusammen, besuchen die heilige Kaba, bringen Opfer dar, erneuern ihre Ergebenheit gegenüber Gott und versprechen, ein neues Leben zu führen, das eines Muslim würdig ist. […] In Erfüllung der Vision von Idris oder auch Henoch errichtete der zweite Kalif Umar die Heilige Moschee in Jerusalem auf dem Hügel Moriah, dem Platz des Tempels von Salomo.

David Benjamin, Muhammad in der Bibel

Bestätigungen

Die Stiftung Weltethos hat ein friedliches Zusammenleben aller Menschen zum Ziel und fördert deshalb u.a. den Dialog der Religionen und Kulturen. Deren Vertreter, meist katholische Theologen, sehen das Christentum selbstkritisch und rücken den Islam wissenschaftlich fundiert in ein korrektes Licht.

Das Jesusbild der Judenchristen

Ganz offen bekennt Hans Küng[84] in seinem Buch ‚Christentum und Weltreligionen': „Freilich, dies soll Muslimen sofort zugegeben werden: Anders als vom Koran geglaubt, wurde die *Bibel* nicht von einem Autor im Himmel, sondern – von sehr verschiedenen Autoren – *auf Erden geschrieben*, wie es recht unbefangen besonders die Briefe des Paulus und der Beginn des Lukasevangeliums bezeugen. Daraus folgt: die Bibel ist nicht ohne Mängel und Fehler, Verhüllung und Vermischung, Beschränkung und Irrtum; jedenfalls eine höchst vielfältige Sammlung von *Dokumenten des Glaubens*, die Gottes Offenbarung und Wort nicht einfachhin *sind*, wohl aber Gottes Offenbarung und Wort in menschlicher Form *bezeugen*: in den vielen menschlichen Worten das eine Wort Gottes."[85]

[84] Der in Tübingen wirkende Schweizer Theologe Prof. Hans Küng, auf den das Weltethos-Programm zurück geht.
[85] Hans Küng: Christentum und Weltreligionen. München 1984, S. 66.

> **Wäre er (der Qur'an) von irgendeinem anderen als Gott aus-
> gegangen, hätten sie darin sicherlich manch inneren Wider-
> spruch gefunden!**
>
> Sure 4, 82

„Je mehr sich Christen und Muslime kennenlernen und sich
nicht mehr einfach zu »bekehren« versuchen [...], um so mehr
wachsen bei den Christen die Zweifel, ob die eigene negative Ein-
stellung zum Koran richtig war."[86]

„In Muhammads Jesusverständnis kommen Überlieferungen
der in der hellenistischen Kirche verdrängten, verachteten, verges-
senen Judenchristenheit wieder an das Licht der Geschichte."[87]

Einfach und klar stellt Küng auch fest: „Mit Verwunderung haben Historiker schon immer vermerkt, wie wenig innere Wider-
standskraft das Christentum – auch im Vergleich mit dem un-
gleich schwächeren Judentum – dem Islam gegenüber gezeigt hat.
Sehen wir hier von der militärisch-politisch-organisatorischen Po-
tenz des Islam einmal ab, so scheint die Hauptursache dieses
Mankos gerade in der unzulänglichen Begründetheit des christlichen ,Zentraldogmas' (der Trinität und dabei einbegriffen der In-
karnation) gelegen zu haben."[88]

Weiter unten werden wir Küng noch einmal zitieren, dort vergleicht er den Propheten Muhammad mit den Propheten Israels
und bezeichnet den Koran als *Gottes Wort*.

---

[86] Ebd., S. 63.
[87] Ebd., S. 194.
[88] Ebd., S. 181.

Neues Islambild der katholischen Kirche

In Tübingen hatte ich Gelegenheit, die Vorlesung ‚Christentum und Islam' bei Karl-Josef Kuschel zu besuchen.[89] Er beschreibt die Entwicklung von Konfrontation über Toleranz bis zu einer abrahamischen Ökumene.

Die Geschichte bis ins 20. Jahrhundert ist geprägt von einer Konfrontation des Abendlandes gegen den Islam. Nur ausnahmsweise finden wir positive Bewertungen wie bei Lessing, Herder, Goethe und Rilke, von denen der Islam als kulturbildender Faktor von weltgeschichtlicher Dimension entdeckt und der Koran und der Prophet Mohammed neu bewertet werden.

In der Regel werde dem vermeintlich leuchtenden Christentum der Islam als Negativfolie gegenübergestellt. Islam galt als Häresie (Joh. von Damaskus, 742/43), im Kontext der Kreuzzüge als Heidentum (Thomas von Aquin) und der Koran als ‚Machwerk des Teufels' (Martin Luther, 1529). Selbst Karl Barth bezeichnet den Islam in seiner Kirchlichen Dogmatik 1932 noch als ‚primitiv'.

Weiter zeigt Kuschel, wie ‚sensationell' die Neubewertung der Muslime durch die katholische Kirche in den Texten des II. Vatikanischen Konzils ist.

In der Erklärung Nostra Aetate über das Verhältnis der Kirche zu den nichtchristlichen Religionen von 1965 steht folgendes über die muslimische Religion: „Mit Hochachtung betrachtet die Kirche auch die Muslim(e), die den alleinigen Gott anbeten, den lebendigen und in sich seienden, den barmherzigen und allmächtigen, den Schöpfer Himmels und der Erde, der zu den Menschen ge-

---

[89] Prof. Dr. Karl-Josef Kuschel, Vorlesung Christentum und Islam, Theologische Modelle im 20. Jahrhundert, Universität Tübingen, SS 1998. Diese Darstellung beruht auf meinen Aufzeichnungen und den Handouts mit Literatur und Schlüsseltexten.

sprochen hat. Sie mühen sich, auch seinen verborgenen Ratschlüssen sich mit ganzer Seele zu unterwerfen, so wie Abraham sich Gott unterworfen hat, auf den der islamische Glaube sich gerne beruft. Jesus, den sie allerdings nicht als Gott anerkennen, verehren sie doch als Propheten, und sie ehren seine jungfräuliche Mutter Maria, die sie bisweilen auch in Frömmigkeit anrufen. Überdies erwarten sie den Tag des Gerichts, an dem Gott alle Menschen auferweckt und ihnen vergilt. Deshalb legen sie Wert auf sittliche Lebenshaltung und verehren Gott besonders durch Gebet, Almosen und Fasten."[90]

Kuschel erklärt, dass diese Neubewertung zu einer theologischen Verlegenheit führt. Weder der Koran noch der Prophet Muhammad werden in dieser Erklärung erwähnt. Nun stellt sich die Frage, ob es nach Christus noch Propheten geben kann und wie diese zu bewerten sind. Diese Frage stellt sich umso mehr, als Muhammad Jahrhunderte nach Jesus berufen wurde und in der Bibel historisch kein Bezug auf ihn erfolgen kann, außer in Vorhersagen[91]. „Nach Aussagen des Neuen Testaments gibt es auch nach Jesus echte Propheten", stellt Kuschel fest und zitiert dabei Küng.[92]

---

[90] Karl Rahner, Herbert Vorgrimler: Kleines Konzilskompendium. Sämtliche Texte des Zweiten Vatikanums. Freiburg 1981.
Weiter heißt es: „Da es jedoch im Lauf der Jahrhunderte zu manchen Zwistigkeiten und Feindschaften zwischen Christen und Muslim(en) kam, ermahnt die Heilige Synode alle, das Vergangenen beiseite zu lassen, sich aufrichtig um gegenseitiges Verstehen zu bemühen und gemeinsam einzutreten für Schutz und Förderung der sozialen Gerechtigkeit, der sittlichen Güter und nicht zuletzt des Friedens und der Freiheit für alle Menschen."
[91] Dass es diese Prophezeiungen durchaus gibt, haben wir im Kapitel *Muhammad in der Bibel* gesehen.
[92] Hans Küng, Josef van Ess, Heinrich von Stietencron, Heinz Beckert: Christentum und Weltreligionen, Islam, Hinduismus, Buddhismus. München/Zürich 1984, S.60. Als Begründung verweist er auf ‚Propheten'

Muhammad könnte theologisch gesehen also ein Prophet sein! Nun legt Kuschel die Kriterien bei ihm an, die für das Alte Testament entwickelt wurden, um einen falschen von einem echten Propheten zu unterscheiden[93] und kommt zu einem eindeutigen Ergebnis: Muhammad ist danach ein wahrer, ein echter Prophet![94]

in den paulinischen Gemeinden, wie aus dem ersten Korintherbrief hervorgehe, als Fortführung der jüdischen Prophetie.

[93] Einer der Indikatoren wahren Prophetismus ist z.B., dass er sich nicht selbst ins Zentrum stellt.

[94] Kuschel meinte deshalb auch, er könne das islamische Glaubensbekenntnis sprechen!

Wie die Propheten Israels wirkte Muhammad nicht kraft eines von der Gemeinschaft (oder ihren Autoritäten) verliehenen Amtes, sondern aufgrund einer besonderen persönlichen Beziehung zu Gott.

Wie die Propheten Israels war Muhammad eine willensstarke Persönlichkeit, die sich von ihrer göttlichen Berufung völlig durchdrungen, total beansprucht, exklusiv beauftragt sah.

Wie die Propheten Israels, so hat auch Muhammad in eine religiös-gesellschaftliche Krise hineingesprochen, stand er mit seiner leidenschaftlichen Frömmigkeit und seiner umstürzenden Verkündigung in Opposition zur vermögenden herrschenden Kaste und zu der von ihr gehüteten Tradition.

Wie die Propheten Israels will Muhammad, der sich meist »Warner« nennt, nichts als Sprachrohr Gottes sein und Gottes Wort, nicht sein eigenes, verkünden.

Wie die Propheten Israels kündet Muhammad unermüdlich den einen Gott, der keine anderen Götter neben sich duldet und der zugleich der gütige und barmherzige Richter ist.

Wie die Propheten Israels, so fordert auch Muhammad gegenüber diesem einen Gott unbedingten Gehorsam, Unterwerfung, »Hingabe« (»Islam«): alles das, was Dankbarkeit gegenüber Gott und Großzügigkeit gegenüber den Mitmenschen einschließt.

Wie die Propheten Israels verbindet auch Muhammad seinen Monotheismus mit einem Humanismus, den Glauben an den einen Gott und sein Gericht mit der Forderung nach sozialer Gerechtigkeit: Gericht und Erlösung, Drohungen den Ungerechten, die in die Hölle gehen, und Verheißungen den Gerechten, die zu Gottes Paradies versammelt werden.

Hans Küng, Christentum und Weltreligionen

> Wie immer: wenn wir schon Muhammad als nachchristli-
> chen Propheten anerkennen, dann werden wir konsequenter-
> weise auch zugeben müssen, worauf es den Muslimen am
> allermeisten ankommt: daß Muhammad seine Botschaft nicht
> einfach aus sich selbst hat, daß seine Botschaft nicht einfach
> Muhammads Wort, sondern *Gottes Wort* ist.
>
> Hans Küng, Christentum und Weltreligionen

Gottessohnschaft

Martin Bauschke vertritt in seinem Buch *Jesus im Koran* ein is-
lamisches Jesusbild. Er bestätigt meine Ansichten, dass Jesus für
sich nie den Titel ,Gottes Sohn' in Anspruch genommen hat, es
sich dabei um eine Entfremdung von den hebräisch-semitischen
Wurzeln handelt und Ausdruck einer Hellenisierung des Christentums ist.

„Warum überhaupt dieser Streit um die Gottessohnschaft Jesu
zwischen Christen und Muslimen? Er ist die Folge einer aus meiner Sicht verhängnisvollen Entwicklung – nicht pauschal und
überall *des* Christentums (wie leider viele Muslime bis heute meinen), sondern bestimmter einflußreicher Kreise und Gruppen *im*
Christentum, die ihre Auffassung, die sie von ihren semitisch-
hebräischen Wurzeln zunehmend entfremdete, am Ende zur ein-

> …Was nun Jesus selbst betrifft, so hat man nach einhelliger
> Auffassung christlicher Exegeten davon auszugehen, dass
> dieser den Titel ,Sohn Gottes' niemals für sich selbst in An-
> spruch genommen hat.
>
> Martin Bauschke, Jesus im Koran

zig orthodoxen, rechtgläubigen Auffassung erklärten."[95]

„Im Verlaufe jahrhundertelanger christologischer Streitigkeiten ist die Rede von der *exklusiven* Gottessohnschaft Jesu auf den Konzilien von Nizäa (325), Konstantinopel (381) und Chalzedon (451) dogmatisiert worden, und das zudem in einem *metaphysischen*, substanzontologischen Sinne, ähnlich wie in den altorientalischen Götterkulten, von der auch die Ideologie der Apotheose[96] des römischen Kaiserkultes beeinflußt war. Das sog. ‚Nicaeno-Constantinopolitanum' (381) bekennt von Jesus, er sei ‚gezeugt, nicht geschaffen, wesensgleich dem Vater' (gr. Gennêthénta ou poiêthénta, homooúsion tô patrí). Alle andersglaubenden Christen wurden von den Konzilsvätern als häretisch verdammt. Einige Kirchen, darunter die arianischen, monophysitischen und netorianischen Kirchen, haben das Chalcedonense von 451 abgelehnt."[97]

In der Tat: das Bemühen der meisten trinitarischen Vorstellungen, von Jesus so zu denken, wie man von Gott denkt – wie der berühmte Anfangssatz des Zweiten Clemensbriefes (entstanden um 100 n.Chr.) fordert –, widerspricht wohl schon im Ansatz dem islamischen (und urchristlichen) Credo, daß Gott keinen Ebenbürtigen – keinen ebenbürtig zu Denkenden auch nur! – an seiner Seite haben könne.

Martin Bauschke, Jesus im Koran

---

[95] Martin Bauschke: Jesus im Koran. Ein Schlüssel zum Dialog zwischen Christen und Muslimen. Erftstadt 2007, S. 69.
[96] Erhebung eines Menschen zum Gott.
[97] Martin Bauschke: Jesus im Koran. Ein Schlüssel zum Dialog zwischen Christen und Muslimen. Erftstadt 2007, S. 70.

„In Kapitel 7 hatten wir bereits gesehen: der Titel ‚Sohn Gottes‘ ist in hebräisch-jüdischem Kontext in einem deklaratorischen, juristischen und adoptianischen[98], mithin in einem übertragenen Sinne zu verstehen. Auch Jesus war die Gottessohn-Vorstellung vertraut. Er hat auf sie zurückgegriffen, doch in einem metaphorischen und ethischen Sinne. Auch seine Gebetsanrede für Gott ‚(unser) Vater‘ (aram. Abba; griech. pátêr hêmôn) impliziert die ‚Sohnschaft‘ bzw. ‚Kindschaft‘ derer, die so beten in einem übertragenen, mithin im relationalen und inklusivischen Sinne. Im Zuge des in den ersten Jahrhunderten der Kirche stattfindenden Paradigmenwechsels kam es zu einer Hellenisierung der gesamten Theologie und damit auch der Christologie, welche zu einer metaphysischen, substanzontologischen und exklusiven Umdeutung der Gottessohn-Vorstellung führte – genau gegenläufig zur metaphorischen Rezeption diese altorientalischen Königstitels in der Hebräischen Bibel."[99]

[98] Jesus kann seiner menschlichen Natur nach nur als von Gott ‚adoptierter‘ Sohn gelten.
[99] Martin Bauschke: Jesus im Koran. Ein Schlüssel zum Dialog zwischen Christen und Muslimen. Erftstadt 2007, S. 143.

Islam und Christentum

Für jeden von euch haben Wir ein (verschiedenes) Gesetz und eine Lebensweise bestimmt. Und wenn Gott es so gewollt hätte, Er hätte euch alle sicherlich zu einer einzigen Gemeinschaft machen können: aber (Er wollte es anders) um euch zu prüfen durch das, was Er euch gewährt hat. Wetteifert denn miteinander im Tun guter Werke! Zu Gott müßt ihr alle zurückkehren; und dann wir Er euch all das wahrhaftig verstehen lassen, worüber ihr uneins zu sein pflegtet.

Sure 5, 48 [100]

Nach bestem Wissen und Gewissen habe ich Argumente für meine Wahl des Islam als Religion aufgeführt und auch Autoren zitiert, die mich nach dieser Entscheidung bestärkt haben. Anders als für westliche Leser gewohnt steht einem über Jahrhunderte oder gar Jahrtausende verzerrten christlichen Glauben ein leuchtender Islam gegenüber. Die verbreiteten Vorurteile gegen den Islam kann ich nicht bestätigen. Erstaunt mag sich der Leser die Augen reiben über die offensichtliche Diskrepanz zwischen meiner positiven Einschätzung des Islam und des Bildes in den Medien und den Köpfen vieler Deutscher. [101]

[100] Diese Koranstelle enthält den Kern der bekannten Ringparabel, die Gotthold Ephraim Lessing in seinem dramatischen Gedicht *Nathan der Weise* gebraucht, mit dem Unterschied, dass im Gedicht die verschiedenen Religionen aufgefordert werden, einer ‚von Vorurteilen freien Liebe nachzueifern'; auch das endgültige Gericht liegt natürlich bei Gott (t).
[101] Nichtsdestoweniger möchte ich die Realität der Muslime nicht schönreden, eine konstruktive Kritik ist sicher in vielen Bereichen angebracht.

Der Islam vermittelt ein klares Gottesbild. Gott (t) ist nahe, er erhört die Gebete, sein sind die schönsten Namen. Der Mensch steht vor Gott (t), es bedarf keines Vermittlers und keiner Priesterschaft.

Ein großer Vorteil für Muslime ist die gute Quellenlage. Wer als Muslim leben will, kann dies einfach und kann mit Blick auf die unverfälschten Quellen relativ sicher sein, wie der Glaube vom Propheten Muhammad gelehrt und praktiziert wurde.

Der Islam ist eine rundum schöne und praktikable Religion. Die religiösen Pflichten sind sinnvoll für den einzelnen wie für die Gemeinschaft. Sei es die erfrischende Gebetswaschung[102], das Gebet als andächtige Unterbrechung des Alltags, das Fasten im Monat Ramadan als Reinigung des Körpers, die Abgabe der Vermögenden an die Armen als sozialen Ausgleich.

Ein gläubiger Muslim achtet auf Sauberkeit und ist ehrlich und gastfreundlich. Kinder sollen geliebt und Alte respektiert werden.

Auch das Alkoholverbot[103] und das Spekulations- und Zinsverbot[104] kann der Verständige sicher nur gut heißen. Im Islam habe ich eine praktizierbare Religion voller Weisheit gefunden, die auf den Menschen mit seinen Schwächen zugeschnitten ist. Ich bin vom Islam und seiner Schönheit durch und durch überzeugt.

---

[102] Als Heilpraktiker vergleiche ich dies mit einem Kneippsch'schen Guss.
[103] Millionen Menschen in Deutschland sind alkoholkrank, sie richten sich selbst und oft auch ihre Familien zugrunde, ganz zu schweigen von Gewalt und Verkehrsunfällen unter Alkoholeinfluss.
[104] Zinsen bewirken eine Umverteilung von unten nach oben, die Reichen werden reicher ohne einen Finger zu krümmen. Die sog. Eurokrise ist mit ziemlicher Sicherheit eine Strukturkrise; ein exponentielles Wachstum wie wir es beim Zinssystem haben kommt früher oder später an seine Grenzen.

Der vom Judentum konvertierte Muhammad Asad gibt auf die Frage, warum er den Islam angenommen habe, folgende Antwort, die diese Stimmigkeit schön zum Ausdruck bringt: „Es war keine bestimmte Lehre die mich anzog; vielmehr die ganze wundervolle, unerklärlich schlüssige Anordnung von moralischer Lehre und praktischer Lebensanleitung. Ich kann selbst jetzt nicht sagen, welcher Aspekt mich mehr anspricht als irgendein anderer. Der Islam erscheint wie ein perfektes Werk der Architektur. Alle Teile ergänzen und unterstützen einander harmonisch. Nichts ist überflüssig, nichts fehlt: ein völliges Gleichgewicht auf solidem Fundament.[105]

Auch Goethe, der deutsche Dichterfürst, war dem Islam zugeneigt.[106]

---

[105] Muhammad Asad: Islam am Scheideweg. Mössingen 2007, S. 22 (Titel der englischen Originalausgabe: Islam at the Crossroads, 1934).

[106] „Goethe hat sich während seines ganzen Lebens sehr gründlich mit dem Islam auseinandergesetzt. Bereits in seiner Jugend hat er ein Gedicht zu Ehren des Propheten Mohammed verfaßt, sich eine fundierte Kenntnis des Islam erworben und später in Weimar an einem muslimischen Gottesdienst teilgenommen. Was ihn am Islam besonders angezogen hat, war dessen Prädestinationslehre, Eingottglaube, die Gestalt Mohammeds und der Glaube, daß sich Gott in der Natur offenbare. Seine Bewunderung für den Islam läßt der Dichter (nicht nur, aber vor allem) im ‚Westöstlichen Divan' freien Lauf. Eine von Goethe geschriebene Ankündigung dieses Werkes enthält den Satz: [...] der Verfasser des Buches lehne ‚den Verdacht nicht ab, daß er selbst ein Muselmann sei.'" schreibt der ‚Goetheologe' P. Franz Gieringer in: ‚Goethe – selbst ein Muselmann'? CIG Nr. 20, 1982, zitiert nach Muhammad Rassoul: Bruder Johann Ibn Goethe. Köln 1998, S. 57f.

> Wenn Islam ‚Gott ergeben' heißt,
> Im Islam leben und sterben wir alle.
>
> Jesus fühlte rein und dachte
> Nur den Einen Gott im Stillen;
> Wer ihn selbst zum Gotte machte
> kränkte seinen heiligen Willen.
>
> Goethe, West-östlicher Divan

Der Islam hat auch in Bezug zur Wissenschaft[107] eine grundlegend andere Haltung als die Kirche in ihrer Geschichte. Der Islam ist eine Religion des Verstandes und der Vernunft. Es gibt keinen und es kann keinen Widerspruch zur Wissenschaft geben. Im Gegenteil: die Verständigen bestätigen die Religion. Manche Muslime fragen sich deshalb auch, warum sich die Wissenschaft in den letzten Jahrhunderten im Abendland fortentwickelt hat und nicht bei den Muslimen.[108]

So positiv die aktuelle religiöse Einschätzung des Islam z.B. durch verschiedene Theologen und die katholische Kirche auch sein mag, so negativ sind aktuelle politische und gesellschaftliche Entwicklungen. Das Feindbild Islam ist präsent, besonders nach den Anschlägen von 2001. Die Weltreligion Islam wird nicht nur in Deutschland nach wie vor von den verschiedensten Seiten diffamiert, für den Terror wird leichtfertig der Islam verantwortlich gemacht.

---

[107] Die Wissenschaft wird heutzutage ein hoher Stellenwert eingeräumt, der an eine Religion erinnert. Ihre Grenzen sind allerdings klar, sie kann nur Aussagen über messbare Dinge machen.
[108] Vermutlich hat gerade der Widerstand, den die Kirche der Wissenschaft und ihren Vertretern entgegengesetzt hat, diese Kräfte freigesetzt.

Die negative Sicht des Islam seit den Kreuzzügen hing lange Zeit sicher mit der militärischen Überlegenheit der islamischen Welt zusammen. Doch auch nach dem Niedergang des Osmanischen Reiches wurden viele Vorurteile weiter gepflegt.

Orientalisten des 19. und frühen 20. Jahrhunderts haben sich mit Texten des Islam beschäftigt, einige standen der Religion bekannter weise feindlich gegenüber. In einem entlarvenden Buch schreibt E. W. Said: „Ich selbst glaube, dass der Orientalismus viel besser als ein Zeichen europäisch-atlantischer Macht über den Orient verstanden werden sollte und nicht als ein wahrheitsgemäßer Diskurs über den Orient." [109]

Heute setzen sich manche Orientalisten mit profunden Kenntnissen ehrlich und offen gegen Vorurteile ein. Andere hingegen pflegen weiter das Feindbild Islam und lassen sich z.B. wegen ihrer Sprachkenntnisse vom Verfassungsschutz anwerben.

Eine Analyse der deutschen Schulbücher zwischen 1979 und 1988 hat gezeigt, dass sich die gängigen Vorurteile gegen den Islam dort wiederfinden.[110] In Geschichte, Geographie und Religion haben wir praktisch unzählige Vorurteile wie z.B. eine von Ferne und Härte geprägte Gott-Mensch-Beziehung bis hin zum Fatalismus oder die vermeintliche Ausbreitung des Islam mit Feuer und Schwert in der Schule vermittelt bekommen.

---

[109] Edward W. Said: Orientalismus. Frankfurt/Berlin/Wien 1981.

[110] Das Projekt wurde von den Kölner Universitätsprofessoren Abdoldjavad Falaturi und Udo Tworuschka geleitet. Die Ergebnisse sind in 5 Bänden der Studien zur Internationalen Schulbuchforschung veröffentlicht unter dem Titel ‚Der Islam in den Schulbüchern der Bundesrepublik Deutschland', Braunschweig 1988. Für besonders informativ halte ich die Beilage ‚Der Islam im Unterricht', in der zentrale Aussagen des Islam in kurzer Übersicht aufgeführt werden und dem sachgemäßen Teil die Vorurteile als unsachgemäß gegenübergestellt werden.

Heutzutage sind unzählige Bücher auf dem Markt, die Muslime mit Terror in Verbindung bringen. Auf das brisante Thema Islam und Krieg und Terror gehe ich im Anhang ein. Wir wissen, dass Medien nicht nur informieren sondern vor allem auch Vorurteile bedienen.[111] Ein Beispiel dafür ist der Begriff ‚Scharia', ein Wort, das ursprünglich ‚Tränke' oder ‚Quelle' bedeutet und den klaren Weg, der dorthin führt. Für Muslime ist dieser Begriff überaus positiv besetzt, beinhaltet er doch die von Gott für die Menschen empfohlene Lebensweise. Von der deutschen nichtmuslimischen Öffentlichkeit wird dieser Begriff üblicherweise in den Dreck gezogen[112] und mit brutalen Strafen für Verbrecher gleichgesetzt.

Die historisch-kritische Bibelforschung hat gezeigt, dass sich die Glaubensinhalte der christlichen Kirchen über viele Jahrhunderte entwickelt haben, von einer Gottesvorstellung die dem Islam sehr nahe ist bis zum Konzept der Trinität. Bekannte christliche Theologen zeigen dies, wir haben Bultmann, Jeremias und andere ausführlich zitiert. Besonders bedenklich ist, dass Glaubensvorstellungen allzu oft mit Gewalt durchgesetzt wurden.

Nicht nur Glaubensinhalte haben sich geändert, sondern auch äußerliche Symbole und Riten. War die christliche Urgemeinde noch eingebettet ins Judentum, so kam es nach und nach zu einer Abkehr von den Bestimmungen der Thora: die Pflicht zur Beschneidung wurde aufgehoben und der Verzehr von Schweine-

---

[111] Dies ist mir klar geworden, als ich bei einer Zeitung in Calw einen Ferienjob hatte. Im Archiv habe ich Zeitungen aus der NS-Zeit gelesen mit einer bösen Verzerrung der Wirklichkeit, z.B. einen Bericht über den spanischen Bürgerkrieg mit dem Grundtenor, dass die vorbildlichen deutschen Kämpfer die Guten gegen die Bösen unterstützten.
[112] Vom SWR gab es zeitweise eine Rundfunksendung mit Namen ‚Taxi Scharia', die witzig sein sollte und dafür exemplarisch stehen kann.

fleisch erlaubt.[113] Das Abendmahl, das ursprünglich wohl einfach eine gemeinsame Mahlzeit war, wurde zum Sakrament. Auch das Kreuz, das heutzutage als Symbol für das Christentum steht, begegnet uns erst ab dem späten zweiten Jahrhundert, erst ab 400 n.Chr. findet man es in Kirchen[114]. Glocken, die wir mit Kirchen verbinden, werden erst ab dem sechsten Jahrhundert im christlich-sakralen Bereich verwendet.[115] Nicht einmal das Händefalten[116] als Gebetshaltung ist ursprünglich, die frühen Christen beteten wie Jesus mit den Handflächen gen Himmel.[117] Die großen christlichen Feste, die gefeiert werden, Weihnachten mit Lichtern und Tannenbaum und Ostern mit Osterhasen, erinnern mit ihren Symbolen mehr an die sie überlagernden heidnischen Feste einer Sonnwendfeier und eines Fruchtbarkeitsfests.[118] Jahrhundertelang wurde die ‚heidnische‘ Feuerbestattung abgelehnt, heute ist sie in Deutschland selbst in christlichen Kreisen gang und gebe.

[113] ‚Um ihnen keine Lasten aufzubürden‘ beschließen die Apostel und die Ältesten nach Apostelgeschichte 15, für die ‚Brüder aus dem Heidentum‘, nicht das ganze Gesetz des Moses erfüllen zu müssen, sondern nur folgendes: 'Götzenopferfleisch, Blut, Ersticktes und Unzucht zu meiden'.

[114] Als etwas älter gilt das sog. Christusmonogramm ☧, die ersten beiden (griechischen) Buchstaben des Wortes Christos; es wird seit dem 2. Jahrhundert von Christen verwendet. Auch der Fisch ist ein frühes christliches Symbol.

[115] Als erster Sakralbau, der im Abendland mit Glocken behängt wurde, gilt der Jupitertempel in Rom. In China haben Glocken eine viel ältere Tradition.

[116] Das Händefalten wurde erst ab dem 13. Jahrhundert zur Gebetshaltung der Kirche.

[117] Dies ist auch die Gebetshaltung von Muslimen beim Bittgebet.

[118] Mit dem Wort ‚heidnisch‘ hat die Kirche alles andere abgestempelt; es ist eine Ironie der Geschichte, dass sich umgekehrt diese Bräuche der Kirche bemächtigen konnten. Neutraler würde man von ‚Naturreligion‘ sprechen.
Bei den Festen im Islam besteht diese Gefahr nicht, weil sie in den islamischen Monaten gefeiert werden, die sich im Sonnenjahr verschieben.

Es fällt mir nicht ganz leicht, im heutigen Christentum ursprüngliche Elemente zu finden, die auf Jesus (a.s.) zurückgehen. Auf das Urchristentum geht wohl die Bezeichnung Jesus Christus, d.h. Jesus ist der Messias zurück; und zentral war und ist sicher Wohltätigkeit und Sorge für die Armen und Ausgegrenzten.

Die Christen werden denn auch (von ihren Glaubensvorstellungen einmal abgesehen) im Koran durchaus positiv erwähnt, z.B. in folgender Stelle:

Dann ließen Wir Unsere Gesandten ihren Spuren folgen; und Wir ließen Jesus, den Sohn der Maria, (ihnen) folgen, und Wir gaben ihm das Evangelium. Und in die Herzen derer, die ihm folgten, legten Wir Güte und Barmherzigkeit. Sure 57, 27

Als Muhammad (a.s.) als letzter Prophet[119] zur Menschheit gesandt wurde, kannte die Kirche, so würde ich sagen, ihren ursprünglichen Glauben nur noch in Bruchstücken. Ausnahmen waren z.B. der Herrscher von Abessinien[120] und wohl auch der ost-

---

[119] Die Offenbarungen sind damit abgeschlossen; was Menschen von Gott (t) nach wie vor erhalten sind schöne wahre Träume.

[120] Der Negus lebte zur Zeit des Propheten Muhammad im heutigen Äthiopien. Die Muslime waren damals eine unterdrückte Minderheit in Mekka; ca. 80 Männer und Frauen flohen nach Abessinien. Sie wurden dort gut aufgenommen und der Herrscher des Landes stellte sie unter seinen Schutz. Abgesandte der Mekkaner versuchten, ihnen diesen Schutz zu entziehen, indem sie zeigten, dass für Muslime Jesus ‚nur' ein Mensch gewesen sei. 'Amr, ihr Wortführer, begab sich zum Negus und sprach: „»O König, sie behaupten Ungeheuerliches von Jesus. Laß sie holen und frage sie danach.« Der Negus folgte seinen Worten. […] Als sie zum Negus kamen und er sie nach ihrer Meinung über Jesus fragte, antwortete Dja'far:»Wir sagen über ihn, was unser Prophet uns geoffenbart hat, nämlich daß er der Diener Gottes, sein Prophet, sein Geist und sein Wort ist, das Er der Jungfrau Maria eingegeben hatte«. Der Negus nahm einen Stock vom Boden auf und sprach:»Wahrlich, Jesus ist nicht um die Länge dieses Stockes mehr, als du sagst.« […] »geht, ihr seid sicher in

römische Kaiser Heraklius[121]. Das Update, um ein Bild aus der Informationsverarbeitung zu wählen, wurde nicht erkannt. Wie

meinem Land [...]«." (Ibn Isḥāq: Das Leben des Propheten. Kandern 1999, S. 70.)

[121] Noch der Prophet Muhammad hatte einen Brief an Heraklius, den Kaiser des oströmischen Reiches geschrieben, und diesen zum Islam eingeladen. Der Kaiser hat sich daraufhin gründlich informiert und ist zu erstaunlichen Schlußfolgerungen gekommen. In einem Hadith, überliefert von Buhari, lesen wir darüber folgendes: Abū Sūfyān (damals noch nicht Muslim) berichtete: *„Ich befand mich auf einer Reise zu jener Zeit, als es zwischen mir und dem Gesandten Allāhs, Allāhs Segen und Frieden auf ihm, eine gewisse Spannung gab. Während ich mich auf dem Gebiet von Syrien aufhielt, kam ein Bote mit einem Schreiben vom Propheten, Allāhs Segen und Friede auf ihm, das an Heraklios gerichtet war. Es handelte sich um das Schreiben, das Diḥya Al-Kaliyy zum Gouverneur von Buṣra trug, der es wiederum an Heraklius weiterbringen ließ. Heraklius fragte: »Gibt es in dieser Gegend jemanden, der zu den Leuten dieses Mannes (Muḥammad) gehört, der behauptet, er sei ein Prophet?« Die Leute sagten »Ja!« Daraufhin wurde ich mit einigen Leuten aus dem Stamm Quraiš gerufen; anschließend traten wir bei Heraklios ein. Er ließ uns vor ihm sitzen und sagte zu uns:»Wer von euch steht in der verwandtschaftlichen Linie zu diesem Mann am nächsten, der behauptet, er sei ein Prophet?« Ich sagte: »Ich!« Da ließen sie mich vor ihm sitzen und meine Begleiter hinter mir. Er ließ seine Dolmetscher zu sich kommen und sagte zu ihm: »Sage ihnen, daß ich ihm Fragen über diesen Mann stellen will, der behauptet, er sei ein Prophet! Wenn er mir die Wahrheit nicht sagt, so handelt es sich um eine Lüge!« Ich schwöre bei Allāh, würden die Menschen (, die die Ehrlichkeit Muḥammads kennen,) mich der Lüge nicht bezichtigen, so hätte ich bestimmt gelogen. Heraklios sagte zu seinem Dolmetscher: »Frage ihn: >Wie ist seine Abstammung unter euch?<« Ich sagte: »Er (Muḥammad) ist unter uns von edler Abstammung.« Heraklius fragte: »War einer seiner Vorväter ein König?« Ich sagte: »Nein!« Er fragte weiter: »Habt ihr ihn der Lüge bezichtigt, bevor er das sagte, was er verkündet hat?« Ich sagte: »Nein!« Heraklius sagte: »Folgt ihm die Elite der Menschen oder folgen ihm die Schwachen?«Ich sagte: »Ihm folgen doch die Schwachen!« Er sagte: »Nimmt deren Zahl zu oder ab?« Ich sagte: »Nein! Sie nimmt doch ständig zu.« Er sagte: »Trat einer von ihnen von*

seinem Glauben zurück, nachdem er diesen angenommen hatte, auf Grund der Unzufriedenheit mit ihm?« Ich sagte: »Nein!« Heraklius sagte: »Habt ihr ihn bekämpft?« Ich sagte: »Ja!« Er sagte: »Wie war euer Kampf gegen ihn?« Ich sagte: »Der Kampferfolg war wechselhaft: Wir gewannen eine Runde, und die andere gewann er.« Er fragte: »Bricht er seine Abmachung mit euch?« Ich sagte: »Nein! Wir wissen aber nicht, was er zur Zeit macht.« Ich schwöre bei Allāh, daß ich kein Wort mehr zufügen konnte als dieses. Heraklius sagte: »Hat jemand vor ihm eine solche Behauptung gemacht?« Ich sagte: »Nein!« Danach wandte sich Heraklius seinem Dolmetscher zu und sagte: »Sage ihm: >Ich habe dich über seine Abstammung über ihn gefragt und du gabst an, daß er unter euch von edler Abstammung ist. Genauso sind die Gesandten: Diese werden gewöhnlich aus den Edlen ihrer Völker auserwählt. Ich fragte dich auch, ob es unter seinen Vorvätern einen König gab, und du hast dies verneint. Wäre unter seinen Vorvätern ein König gewesen, so würde ich annehmen, daß er ein Mann sei, der für die Rückgewinnung des Königreichs seiner Vorväter kämpfen wolle. Ich fragte dich nach seinen Anhängern, ob sie die Elite oder die Schwachen sind, und du sagtest, daß ihm die Schwachen folgen. Diese sind doch stets die Anhänger der Gesandten. Ich fragte dich, ob ihr ihn der Lüge bezichtigt habt, bevor er sagte, was er behauptete, und du hast dies verneint. Ich hielt es nicht für möglich, daß er die Lüge vor den Menschen unterläßt, um eine Lüge gegen Allāh zu erdichten. Ich fragte dich, ob jemand von seinen Anhängern aus seinem Glauben zurücktrat, nachdem er diesen angenommen hatte, weil er nicht mit ihm zufrieden war, und du hast dies auch verneint. Dies ist doch üblich für den Glauben, wenn er sich mit der Herzensfreude eines Menschen einnistet. Ich fragte dich, ob die Zahl seiner Anhänger zunimmt oder abnimmt, und du gabst an, daß diese zunimmt. Dies ist doch der Fall mit dem Glauben; denn dieser nimmt ständig zu, bis er sein Ziel erreicht! Ich fragte dich ferner, ob ihr ihn bekämpft habt, und du gabst an, daß der Kampf zwischen euch wechselhaft war, und daß ihr eine Runde gewonnen habt und die andere gewann er. Dies ist genau der Fall mit den Gesandten: Sie werden zunächst geprüft; das Endziel aber ist auf ihrer Seite. Ich fragte dich, ob er seine Abmachung mit euch bricht und du gabst an, daß er dies nicht tue. Es ist genau so mit den Gesandten: Sie brechen ihre Abmachung nicht. Ich fragte dich, ob jemand vor ihm eine solche Behauptung machte, und du hast dies verneint. Ich sagte zu mir: Hätte es vor ihm einen gegeben, der so etwas behauptet hätte, so hätte ich angenommen, daß er es ihm nachmacht!<« Heraklios fuhr fort: »Was befiehlt er euch?« Ich sagte zu ihm: »Er befiehlt uns, wir gesehen haben beruht dies vermutlich darauf, dass Worte falsch überliefert oder falsch verstanden wurden und dem langen Zeitraum von ca. 500 Jahren, die zwischen Jesus und Muhammad liegen. Selbst die ersten Christen lebten schon in der offensichtlich falschen Erwartung, die Wiederkunft Jesu (Parusie) und das Kommen des Reiches Gottes selbst zu erleben.[122]

daß wir das Gebet verrichten, die Zakāh entrichten, die Verwandschaftsbande pflegen und uns keusch verhalten.« Heraklius sagte: »Wenn das, was du über ihn sagtest die Wahrhrit ist, so ist er ein Prophet. Ich wußte schon zuvor, daß noch ein Prophet kommt, nahm aber nicht an, daß er von eurer Seite hervorgeht. Wenn ich wüßte, daß ich ihm folgen leisten könnte, so hätte ich mich gerne auf den langen Weg zu ihm gemacht. Wenn ich mich bei ihm befände, so würde ich seine Füße waschen. Wahrlich, sein Machtbereich wird den Boden erreichen, den ich hier unter meinen Füßen habe.« Dann ließ er das Schreiben des Gesandten Allāhs, Allāhs Segen und Friede auf ihm, vorbringen und verlesen. Da stand folgendes: »Im Namen Allāhs, des Allerbarmers, des Barmherzigen! Dieses Schreiben ist von Muhammad, dem Gesandten Allāhs, an Heraklios, Herrscher des (Ost-) römischen Imperiums! Der Friede sei auf demjenigen, der der Rechtleitung folgt. Sodann: Ich rufe dich auf, den Weg des Islam zu befolgen. Werde Muslim, so rettest du dich, und wenn du Muslim geworden bist, so wird Allāh deinen Lohn verdoppeln. Wendest du dich aber davon ab, so trägst du die Sünde doppelt, sowohl wegen deiner Führerschaft als auch wegen deinen Untergebenen. (Es folgte dann im Schreiben ein Zitat aus dem Qur'ān 3:64): >...: **O Volk der Schrift, kommt herbei zu einem gleichen Wort zwischen uns und euch, daß wir nämlich Allāh allein dienen und nichts neben ihn stellen, und daß nicht die einen von uns die anderen zu Herren annehmen außer Allāh. ...Und wenn sie sich abwenden, so sprecht: >Bezeugt, daß wir Muslime sind.<« *Als die Verlesung des Schreibens zu Ende ging, wurden Stimmen laut, und es gab viel Palaver. Da wurde der Befehl erteilt, daß wir hinausgehen sollten. Als wir draußen waren, sagte ich zu meinen Gefährten: Es scheint mir, daß die Sache soweit geht, daß der König der Byzantiner Furcht davor empfindet. Ich war davon überzeugt, daß die Sache mit dem Gesandten Allāhs, Allāhs Segen und Friede auf ihm, doch eines Tages durchkommt, bis Allāh mir den Islam in mein Herz eingab. [...]"* (Sahih Al-Buhariyy 4553)

[122] Dies wird als Parusieverzögerung bezeichnet.

Nach authentischen Überlieferungen[123] wird Jesus auch von Muslimen vor dem Jüngsten Tag wieder erwartet.

Der Antichrist[124] wird unter meiner Gemeinschaft erscheinen, und vierzig verweilen. Dann wird Gott, der Erhabene, Jesus, den Sohn Marias –Gott segne ihn und gebe ihm Heil- schicken, der ihn verfolgt und vernichtet. Hierauf werden die Menschen sieben Jahre lang so bleiben, ohne dass es zwischen zweien Feindschaft gibt. [...] Sahih Muslim

Und: *Der Gesandte Gottes, Gottes Segen und Friede auf ihm, sagte: Ich schwöre bei dem, in dessen Hand mein Leben ist, dass der Sohn der Maria alsbald[125] zu euch als Schiedsrichter entsandt werden wird; sodann wird er das Kreuz brechen, das Schwein töten, den Krieg einstellen, und das Geld wird sich so vermehren, dass keiner es wird annehmen wollen. Stattdessen wird eine Niederwerfung (zu Anbetung Allahs) besser sein als die Welt und das, was auf ihr ist.* Sahih al-Buhari 3448

[123] Hadithe sind die zweite Quelle des islamischen Glaubens. In Abgrenzung vom Koran, der wörtlichen Offenbarung, handelt es sich um überlieferte Worte und Handlungen des Propheten Muhammad.
[124] Auch im Neuen Testament finden wir den Antichristen erwähnt, im ersten Johannesbrief heißt es z.B. in Vers 18: *Meine Kinder, es ist die letzte Stunde. Ihr habt gehört, dass der Antichrist kommt, ...*Und bei 2. Thessalonicher 8 steht: *Jesus, der Herr, wird ihn durch den Hauch seines Mundes töten und durch seine Ankunft und Erscheinung vernichten [...].*
[125] Der Zeitbegriff im prophetischen Kontext ist ausgesprochen relativ. Bei Jesus wird dies nicht anders gewesen sein, dies mag die frühe und nicht eingetretene Erwartung seiner Wiederkunft durch die ersten Christen erklären.

Anhang
Islam und Gewalt

Siehe, niemals gebietet Gott Taten der Abscheulichkeit.

Sure 7, 28

Der Islam wird populistisch gerne als gewalttätige Religion dargestellt. Mit diesem Beitrag möchte ich zum Nachdenken anregen und auf Sachverhalte hinweisen, die gerne ausgeblendet werden. Es geht mir nicht darum, zu polarisieren. Den christlichen Leser möchte ich mit folgendem Gleichnis Jesu zu Selbstkritik auffordern: *Warum siehst du den Splitter im Auge deines Bruders, aber den Balken in deinem eigenen Auge bemerkst du nicht? Lk 6, 41*

Krieg

Das Thema Krieg wird mit dem Islam oder sagen wir besser gegen den Islam verbunden, denken wir nur an das verbreitete Vorurteil einer Ausbreitung mit Feuer und Schwert. Wir wissen, dass der Prophet Muhammad vergleichbar mit den alttestamentlichen Propheten Kriege geführt hat. Zur Verteidigung sind Kriege erlaubt, ja sogar Pflicht. Ist dies so weltfremd?

Für den Krieg im Islam gibt es konkrete, verbindliche Regeln. Frauen, Kinder und alte Menschen dürfen nicht getötet werden. Ein Muslim kann sich dabei auch nicht auf einen Befehlsnotstand berufen. In einem Hadith heißt es: Im Unrecht gibt es kein Hören und Gehorchen. Was ein Muslim im Krieg tut, dafür ist er vor Gott (t) verantwortlich.

Im Islam gibt es aber keinen ‚Heiligen Krieg', Krieg bringt immer Tod und Zerstörung! Das Wort ‚Dschihad', das von Unwissenden, Unbelehrbaren oder Böswilligen notorisch so übersetzt und ausgelegt wird, hat eine grundlegend andere Bedeutung. Dschihad kann mit Bemühung, Einsatz oder Anstrengung auf dem Wege Gottes umschrieben werden. Dies kann eine Spende sein, ein Wort der Wahrheit oder auch der Einsatz seines Lebens im Krieg. Als großer Dschihad wird der innere Kampf des Menschen gegen seine eigenen Schwächen bezeichnet, umgangssprachlich würde man sagen gegen den inneren Schweinehund.

Der Begriff ‚Heiliger Krieg' stammt nachweislich von der Kirche: es war ein Krieg, der von der Kirche gutgeheißen und in ihrem Dienst geführt wurde.

Im Christentum fehlen konkrete Regeln für Kriege[126] und dies ist vermutlich eine Ursache dafür, dass es zu großen Massakern kommen konnte. Was am Islam gerne an den Pranger gestellt wird, nämlich Krieg und Regeln für den Krieg, erweist sich bei näherer Betrachtung als Segen. Beispiele aus der Frühzeit des Islam und den Kreuzzügen sollen dies veranschaulichen.

Die Ausbreitung des Islamischen Reiches über die arabische Halbinsel erfolgte so schnell und erfolgreich, dass es fast nur als

---

[126] Theologisch kann man durchaus die Meinung vertreten, dass im Christentum Krieg nicht zulässig ist. *Leistet dem, der euch etwas Böses antut, keinen Widerstand, sondern wenn dich einer auf die rechte Wange schlägt, dann halt ihm auch die andre hin.* Matthäus 5, 39
Die Wirklichkeit in Gegenwart und Geschichte sieht, von Ausnahmen abgesehen, anders aus.

Befreiungsbewegung verstanden werden kann. Für die herrschenden Mächte, das Oströmische Reich und das Perserreich, erhoben sich die Araber und sie reagierten, wie dies heutige Mächte wohl nicht anders machen würden. Die Herrscher dieser Reiche schickten Armeen, riesige Armeen, die nach dem Tod des Propheten im Jahr 632 in der Schlacht am Jarmuk (636) und in der Schlacht von Qadisiya (636)[127] von den arabischen Muslimen vernichtend geschlagen wurden. Heinz Halm beschreibt anschaulich: „Die rasche Ausbreitung des Herrschaftsgebietes der muslimischen Araber ist ein erklärungsbedürftiges Phänomen; monokausale Begründungen indes sind nicht angebracht. Insbesondere ist der Hinweis auf die neue Religion allein nicht geeignet, Impuls und Erfolg der Eroberungen hinreichend zu erklären.

Einen Missionsauftrag – vergleichbar etwa dem christlichen ‚Gehet hin und lehrtet alle Völker und taufet sie …' (Matth. 28,19) – kennt der Koran nicht. Die Expansion der Umma hatte auch, wie gleich zu zeigen sein wird, keineswegs den Zweck, die Unterworfenen zum Islam zu bekehren. Die Eroberungen entsprangen weder einem vorgefassten Plan noch unterlagen sie einer zentralen Lenkung. Die historische Forschung der letzten Jahrzehnte (Noth; Donner) hat gezeigt, dass die Eroberungen eher zufällig in Gang kamen; … . Die wenigen oben erwähnten Schlachten brachen den Widerstand der jeweiligen Zentralmacht (Byzanz, Perserreich),

---

[127] Möglicherweise war diese vernichtende Niederlage die Folge eines Bittgebets des Propheten, dessen Reichweite wohl nur Gläubige ermessen können. In einem Hadith heißt es wie folgt: *„Der Gesandte Allahs, Allahs Segen und Friede auf ihm, schickte durch Boten ein Schreiben an Chosro (den König von Persien) über den Gouverneur von Bahrain, von dem er verlangte, daß er dieses wiederum an Chosro weiterleite. Als Chosro dieses Schreiben las, zerriß er es. … Da sprach der Prophet ein Bittgebet gegen sie (die Perser), daß sie in vollkommener Weise zerstreut werden mögen."* (Auszüge aus dem Sahih Al-Buharyy, aus dem Arabischen übertragen von Muhammad Rassoul, 2939, arcelmedia)

während die Städte durch Verträge friedlich den Oberherrn wechselten. ... Am Beispiel von Damaskus kann demonstriert werden, wie solche Verträge aussahen. Im Jahr 635 schloss der arabische Heerführer Châlid ibn al-Wâlid mit dem Bischof der Stadt folgenden Vertrag, der von dem Historiker al-Balâdhurî überliefert ist:

Im Namen Gottes, des barmherzigen Erbarmers! Das folgende hat Châlid ibn al-Wâlid den Einwohnern von Damaskus gewährt, als er [die Stadt] betrat. Er hat ihnen eine Sicherheitsgarantie (amân) gewährt für ihr Leben, ihr Hab und Gut, ihre Kirchen und ihre Stadtmauern; keines von ihren Häusern soll zerstört oder [von Arabern] bewohnt werden. Dafür haben sie die Bürgschaft Gottes und den Schutz seines Gesandten – Gott segne ihn und schenke ihm Heil! -, seiner Nachfolger und der Gläubigen; nur Gutes soll ihnen widerfahren, wenn sie *Tribut entrichten*.

Ganz ähnlich der [...] Vertrag mit Jerusalem aus dem Jahr 636 [...]."[128]

Es war also alles andere als eine „Ausbreitung mit Feuer und Schwert"!

Anders verlief die Eroberung Jerusalems durch die Kreuzfahrer, die ein ‚entsetzliches Blutbad'[129] anrichteten und jeden unabhängig von Religion und Rasse massakrierten. Auch Christen waren übrigens davon betroffen. Für dieses Kriegsverbrechen macht Mayer „den Rausch des Sieges, den religiösen Fanatismus der Kreuzfahrer und die aufgestaute Erinnerung an die durchstandene Mühsal" verantwortlich.

Die Kreuzzüge gehören zu den dunkelsten Kapiteln christlicher Geschichte. Vor dem 2. Kreuzzug ereigneten sich Judenprogrome

[128] Heinz Halm: Der Islam. Geschichte und Gegenwart. München 2011, S. 25f.
[129] So die Wortwahl von Hans Eberhard Mayer in *Geschichte der Kreuzzüge*, Stuttgart 2005, S. 78.

z.B. im Rheinland.[130] Bei der Eroberung von Tripolis zerstörten die Franken die große arabische Bibliothek.[131] Auch christliche Gebiete wurden verwüstet, wie z.B. Zypern 1156,[132] 1203 wurde in Konstantinopel geplündert und gemordet.

Den Kreuzfahrern wurde übrigens von der Kirche die Verzeihung aller Sünden versprochen.

Die Ansichten über die Kreuzzüge haben sich übrigens grundlegend geändert. Früher als reine Reaktion mit edlen Absichten propagiert, schreibt Riley-Smith im Vorwort zu seinem Buch 'Die Kreuzzüge' folgendes: „Die Kreuzzüge waren so sehr eine innere Angelegenheit des Christentums, daß man die muslimische Bedrohung, hätte sie nicht wirklich bestanden, hätte erfinden müssen". [133] Mayer weist in seinem Buch „Geschichte der Kreuzzüge" darauf hin, dass man heute nur noch schlecht mit den zunehmenden Schwierigkeiten der Pilgerfahrt als Wurzel der Kreuzzüge

[130] Ebd., S. 125.
[131] Ebd., S. 228. Auch die berühmte antike Bibliothek von Alexandria (oder was von dieser nach einem Brand 49 v. Chr. unter Caesar und Kämpfen im 3. Jahrhundert n.Chr. noch übrig war) hat als Teil des Musenheiligtums (Museions) die Christianisierung des Römischen Reiches wohl nicht lange überstanden. Nach dem Edikt von Theodosius im Jahre 391 sollten alle heidnischen Tempel in der Stadt zerstört werden. Einen Beleg für den Bestand der Bibliothek im 5. Jahrhundert gibt es nicht mehr (vgl. Mostafa El-Abbadi, Life and Fate of the Ancient Library of Alexandria, Paris 1992). Umso bezeichnender ist es, dass sich nach wie vor das Gerücht hält, die Muslime hätten bei der Eroberung der Stadt im Jahre 642 die Bibliothek zerstört.
[132] Ebd., S. 143: „[...] (die reiche byzantinische Insel Zypern), wo die Antiochener drei Wochen lang eine einzige Orgie der Verwüstung, des Mordes und des Raubes inszenierten."
[133] Jonathan Riley-Smith: Die Kreuzzüge. Freiburg 1999, S. 7.

argumentieren kann[134] und dass ein Hilferuf der östlichen Christen an das Abendland nie ergangen sei,[135] wie dies Papst Urban der II. im Vorfeld der Kreuzzüge behauptet hatte.[136] Für die ritterliche Schicht „waren hier auch ganz dürre wirtschaftliche und gesellschaftliche Faktoren am Werk, mehr als man gemeinhin für zulässig hält".[137]

Bei der Rückeroberung von Jerusalem erwies sich Saladin 1187 als gnädiger Sieger, obwohl es Gründe genug gegeben hätte, anders zu verfahren.[138] Er gewährte den Besiegten freien Abzug zur Küste, Priester durften sogar in der Grabeskirche weiter ihren Gottesdienst feiern.[139]

Der kritische Leser mag einwenden, dies seien Beispiele aus dem ‚dunklen Mittelalter' und Europa habe die Aufklärung hinter sich.

Die heute gängige Kriegsstrategie, wie sie sich im Kalten Krieg entwickelt hat, ist genauso brutal. Im Falle eines Krieges wird damit gedroht, einen Großteil der Bevölkerung des Gegners durch Abwurf von Atombomben auf die großen Städte auszulöschen.[140]

---

[134] Hans Eberhard Mayer: Geschichte der Kreuzzüge. Stuttgart 2005, S. 25.
[135] Ebd., S. 14.
[136] Ebd., S. 18.
[137] Ebd., S. 34. Im vierten Kreuzzug wurde z.B. in einem geheimen Zusatzabkommen Ägypten als Angriffsziel vereinbart, die Kreuzfahrer wurden allerdings zunächst im Glauben belassen, es gehe ins Heilige Land. (S. 234)
[138] Z.B. weil „[…] Richard in einem Anfall von Zorn die 3000 Gefangenen ermorden ließ, weil es wegen der ersten Rate des Lösegeldes, mit dem Saladin vielleicht überfordert war, Schwierigkeiten gab." (Hans Eberhard Mayer: Geschichte der Kreuzzüge. Stuttgart 2005, S. 180.)
[139] Ebd., S. 167.
[140] Als Ziele der ersten Atombomben wurden schon die Städte Hiroshima und Nagasaki gewählt, und im zweiten Weltkrieg wurden auch mit kon-

Ich nehme Abstand davon, dies mit dem Christentum in Verbindung zu bringen. Sollte aber nicht die Religion so viel Einfluss auf die Politik ausüben, dass solche menschenverachtenden Praktiken nicht gesellschaftsfähig sein können?

Amerika, die christliche (?) Weltmacht, führt völkerrechtswidrig Kriege, die CIA foltert und mordet, in Guantanamo wurden Menschen wie Tiere gefangen gehalten. Wirtschaftliche und strategische Interessen werden den Menschenrechten untergeordnet.[141] Muss so ein Verhalten nicht verurteilt und sanktioniert werden? Die Kritik aus Deutschland an den ‚amerikanischen Freunden' fällt bescheiden aus.

Folter

Auch in diesem Punkt hebt sich der Islam positiv ab. „Die Folter, wie sie im Osmanischen Reich praktiziert wurde, weist auffällige Unterschiede, aber auch Ähnlichkeiten mit dieser auf, jedenfalls was die europäische Praxis der Zeit vor den großen Rechtsreformen des 18. Jahrhunderts angeht. Das islamische Recht, die Scharia, anerkennt die Gültigkeit eines durch Gewaltanwendung oder die Androhung von Gewalt erzwungenen Geständnisses nicht, und trotz der häufigen, von den Behörden des Osmanenreiches akzeptierten Anwendung der Folter waren die Muftis durchweg dagegen und forderten sogar, ein Folterer, der sein Opfer umgebracht habe, müsse Blutzoll zahlen, was nach dem

---

ventionellen Bomben unzählige zivile Ziele angegriffen, von den Nazis z.B. London, von den Alliierten Dresden.

[141] Das Embargo gegen den Irak 1990 hat schätzungsweise einer halben Million Kindern das Leben gekostet, in einem Fernsehinterview meinte die ehemalige amerikanische Außenministerin M. Albright dazu menschenverachtend, es sei diesen Preis wert gewesen.

Zivilrecht nicht erforderlich war."[142] Peters weist weiter auf den Unterschied zur Kirche hin: „Der deutliche Unterschied zwischen dem Willen der Regierung und dem Widerstand der Muftis steht im Einklang mit der islamischen Geschichte und Kultur, aber in scharfem Gegensatz zu der Rolle, die die katholische Kirche in der frühen europäischen Rechtsgeschichte gespielt hat."[143]

Die Folterung der Beschuldigten spielte eine besondere Rolle bei den Hexenprozessen. „Der Einsatz der Folter, besonders der unbegrenzten Folter, löste nicht nur das Problem der ungenügenden Beweislage, sondern ermöglichte es auch, fast alle Menschen zu verurteilen, die der Hexerei verdächtigt wurden."[144]

Dies ist ein anderes düsteres Kapitel in der abendländischen Geschichte, die Hexenprozesse. „In der frühen Neuzeit, also etwa zwischen 1450 und 1750, wurden in Europa Tausende von Menschen, vorwiegend Frauen, wegen des Verbrechens der Hexerei vor Gericht gestellt. Etwa die Hälfte von ihnen wurde hingerichtet, meistens auf dem Scheiterhaufen verbrannt."[145] Als religiöse Begründung wird auf das Alte Testament verwiesen, dort steht geschrieben: *„Eine Hexe sollst du nicht am Leben lassen."* Ex 22, 17

Obwohl es im Islam eine vergleichbare Vorschrift gibt, gab es in islamisch geprägten Ländern keine Hexenjagd.

---

[142] Edward Peters: Folter. Geschichte der Peinlichen Befragung. Hamburg 2003, S. 129.
[143] Ebd.
[144] Ebd., S. 88.
[145] Brian P. Levack: Hexenjagd. Die Geschichte der Hexenverfolgung in Europa. München 1995, S. 11.

Terror

Nach den verheerenden Anschlägen vom 11. September 2001 heißt es, die meisten Terroranschläge weltweit würden von ‚islamischen Terroristen'[146] verübt.

Terror und Islam ist aber ein Widerspruch in sich. Grundsätzlich ist es nicht erlaubt, Unschuldige zu töten. Und auch Selbstmord ist streng verboten. Woher kommt der Terror dann, wenn nicht vom Islam?

Fundamentalistische Bewegungen gibt es ebenso im Christentum und Judentum. Karen Armstrong zeigt in ihrem Buch ‚Im Kampf für Gott', dass solche Bewegungen (der protestantische Fundamentalismus in Amerika, der jüdische Fundamentalismus in Israel[147] und der muslimische Fundamentalismus im sunnitischen Ägypten und schiitischen Iran) „alle aus denselben Ängsten, Sorgen und Sehnsüchten hervorgegangen sind, die offensichtlich keine ungewöhnliche Reaktion auf einige der typischen Probleme darstellen, die das Leben in der modernen säkularen Welt mit sich bringt"[148]. Dieses Buch wurde vor den Anschlägen des 11. September geschrieben. Für die jungen Selbstmordattentäter trifft diese Analyse vermutlich ebenfalls zu.

---

[146] Diese Wortkonstruktion ist eine Unterstellung. Ich frage mich, warum mir das Wort ‚christliche Terroristen' noch nicht begegnet ist, z.B. hätte man für die IRA diesen Begriff verwenden können.

[147] Z. B. planten der Siedler Menachem Livni und der Sprengstoffexperte Kirjat Arba die Al-Aqsa Moschee und den Felsendom in Jerusalem, eine der heiligen Stätten des Islam, in die Luft zu sprengen. Dafür hatten sie schon Präzisionsbomben hergestellt, als das Komplott im April 1984 aufgedeckt wurde.

[148] Karen Armstrong: Im Kampf für Gott. Fundamentalismus in Christentum, Judentum und Islam. München 2004, S. 12.

Wolfgang Schmidbauer untersuchte als Psychotherapeut die Hintergründe von Selbstmordattentätern und konstatiert eine narzisstische Störung und stellt fest: „Wer verspricht, angesichts der Erschütterung unserer Weltsicht durch die menschliche Bombe einen nach narzisstischen Grundsätzen konstruierten Gegner anzugreifen und selbst einen heiligen Krieg zu gewinnen, ist schon von dem Übel angesteckt, das er zu bekämpfen glaubt."[149] Auch er stellt fest:"Wenn Christen einmal geglaubt haben, ihre Religion sei gegen fundamentalistische und terroristische Anwandlungen gefeit, so müssen wir nicht lange suchen, und wir finden die üblichen Entgleisungen ebenfalls in der Welt der Bibelgläubigen."[150] Er bemerkt sogar: „Im Islam hat sich die rationale, aufklärende Tendenz früher entwickelt als im Christentum."[151]

„Der seelische Prozess, in dem Terroristen das werden, was sie sind, hat typische Eigenarten, auch wenn sich die Täter in ihren Persönlichkeiten und die Gruppen in ihrer Struktur erheblich unterscheiden. Dabei ist es sehr wichtig, festzuhalten, dass die «terroristische» Reaktion immer die primäre ist. Sie entspricht der ursprünglichen, infantilen Reaktion auf Kränkungen."[152] „Der Terrorist wird sich in keinem einzelnen biographischen Merkmal von

[149] Wolfgang Schmidbauer: Der Mensch als Bombe. Eine Psychologie des neuen Terrorismus. Reinbek 2003, S. 242.

[150] Ebd., S. 224.

[151] Ebd., S. 180. Weiter schreibt er:"Es war vielleicht zu früh, denn sie ist später wieder unterdrückt worden. Wie in anderen Religionen sind auch im Islam die Fundamentalisten besonders aggressiv. Sie setzen ihre Meinung geräuschvoll und mit Gewalt durch, während die Menge der Muslime, die terroristische Gewalt ablehnen, in den europäischen Medien kaum repräsentiert ist. Wäre es auch eine Meldung wert, wenn der Kommentartor einer großen ägyptischen Zeitung oder der Imam einer Moschee Terrorakte und das Opfer von Zivilisten unmenschlich und unislamisch findet?"

[152] Ebd., S. 229.

anderen Personen unterscheiden, wohl aber in einer Sequenz, in der seine Fähigkeit, Kränkungen ohne Regression auf Gewaltausübung zu verarbeiten, blockiert wurde."[153] „Es ist in klinischen Untersuchungen gut dokumentiert, dass der Verlust einer vertrauten Umgebung ein wichtiger Auslöser für Störungen in der Aggressionsverarbeitung ist [...]."[154] In Sri Lanka waren es oft traumatisierte Frauen, die zu Selbstmordattentäterinnen wurden.

Terror ist eine menschliche Reaktion, die mit der Religion nichts zu tun hat. Die narzisstische Kränkung mag allerdings mit dem Muslimsein zusammenhängen, wir erleben, dass der Islam und der Prophet Muhammad unter dem Deckmantel der Meinungsfreiheit diffamiert werden, die Muhammadkarikaturen sind dafür ein Beispiel. Dies ist an sich nichts Neues, denken wir nur an die berühmte ‚Göttliche Komödie' von Dante Alighieri aus dem 14. Jahrhundert, der Zeit der Kreuzfahrerstaaten, in der Muhammad (a.s.) in der Hölle schmort. Auch die Unterdrückung ganzer muslimischer Völker durch das technisch und militärisch überlegene Amerika und seiner Verbündeten mag dazu beitragen, von den Folgen der europäischen Kolonialisierung ganz zu schweigen.

Einen Vorwurf kann man den überwiegend friedlichen Muslimen vielleicht machen: wir setzen uns zu wenig ein für Gerechtigkeit und Freiheit, für die Armen und Unterdrückten.

Osama bin Laden selbst war kein Selbstmordattentäter, ich würde ihn mit der Romanfigur Michael Kohlhaas[155] vergleichen. Dieser zunächst fromme Mann wird betrogen und erhält auch vor Gericht sein Recht nicht. Als auch seine Frau bei dem Versuch, eine Bittschrift der Obrigkeit zu übergeben schwer verletzt wird und dann stirbt, schwört er Rache. Um des Schuldigen habhaft zu

[153] Ebd., S. 230.
[154] Ebd., S. 231.
[155] In der gleichnamigen Novelle von Heinrich von Kleist aus dem Jahr 1810.

werden, zieht er mordend und brandschatzend durch das Land. Auch Bin Laden wurde vermutlich durch eigene Erfahrungen radikalisiert. Zuerst von den Amerikanern gegen die Russen in Afghanistan unterstützt, versuchten diese ihn schließlich zu ermorden. Er sprach sich vehement gegen eine Präsenz amerikanischer Truppen in Saudi Arabien aus und stellte sich damit auch gegen die saudische Herrscherfamilie.[156] 1994 wurde deshalb sein Guthaben eingefroren und ihm die saudische Staatsbürgerschaft entzogen. Er fand Zuflucht im Sudan, wo er sich an Bauprojekten betätigte. Auf Druck der Amerikaner musste er 1996 auch dieses Land verlassen. Erneut ging Bin Laden nach Afghanistan und sah seinen Feind jetzt vor allem in Amerika. 1998 war er Mitbegründer der sog. Internationalen Islamischen Front, die in einer Erklärung verkündete, „die Amerikaner und ihre Verbündeten zu töten, ob Zivilisten oder Soldaten, ist eine Pflicht für jeden Muslim, der es tun kann, in jedem Land, wo er sich befindet, bis die al-Aqsa-Moschee und die große Moschee in Mekka von ihnen befreit sind, bis ihre Armeen alle muslimischen Gebiete verlassen […]".[157] Aus dieser Erklärung spricht blinder Hass, eine mörderische Radikalität, wie wir sie im Islam Gott-sei-Dank nicht kennen; der Terrorist Bin Laden war geboren. Im Laufe des Jahres wurden Anschläge gegen amerikanische Botschaften in Kenia und Tansania verübt usw.

Bin Laden war kein Theologe, sondern er hat Wirtschaftswissenschaft studiert. Dies mag das World Trade Center als Ziel der Terroranschläge erklären. Nicht nur in seinen Augen ist das Weltwirtschaftssystem für die Not vieler Menschen und ganzer Völker verantwortlich. Meines Wissens nach sah Bin Laden bis Mitte der neunziger Jahre des zwanzigsten Jahrhunderts nur militärische

---

[156] Seit 1989 (der Besetzung Kuwaits durch den Irak) hat Amerika in Saudi Arabien Truppen stationiert.
[157] Al-Qaida. Texte des Terrors. Herausgegeben und kommentiert von Gilles Kepel und Jean-Pierre Milelli. München 2006, S. 87.

Ziele als legitim im Sinne eines Guerillakampfes an. Die böse Entwicklung vom Freiheitskämpfer zum Terroristen mag mit seiner Verfolgung durch Amerika zusammenhängen. Terror war schon immer die Waffe der Schwachen und Unterdrückten, nicht aber der Gläubigen.

Zeitfracht Medien GmbH
Ferdinand-Jühlke-Straße 7
99095 Erfurt, Deutschland
produktsicherheit@kolibri360.de